猿渡さる子

介護日記

コミックエッセイ

父と家族の2163日

監修
和田秀樹
[精神科医]

廣済堂出版

目次

※本作品に登場するエピソードは、著者が実際に体験したものですが、病院や介護施設名などは架空であり、実在いたしません。また、病院や施設が特定できないよう、あるいは漫画表現として、一部フェイクが入っているケースがあります。ご了承ください。

※本作品に登場する各種制度や法律などは2016年〜2021年当時のものであり、現在は改正になっている場合がありますので、ご注意ください。
介護保険制度は3年ごと、税制は毎年改正があります。
最新の情報については、専門家にご相談いただきますようお願いします。

【登場人物紹介】

犬井家

妹子
（いもこ）
父の妹。犬井家の隣に住んでいる

犬井父郎
（いぬい・ちちろう）
昭和１ケタ生まれ。元マスコミ勤務。東京都Ａ区の築90年超の戸建て住まい。2016年１月に脳梗塞で倒れる。後遺症として高次脳機能障害を発症

犬井母子
（いぬい・ははこ）
昭和１ケタ生まれ。変形性膝関節症のため右膝に人工関節を入れており歩行カートを愛用。障害者４級

猿渡家

猿渡マコト
（さるわたり・まこと）
サルの夫。フリーの絵描き

猿渡さる子
（さるわたり・さるこ）
著者、通称サル。
犬井家の次女。東京都Ｂ区で夫と猫の３人暮らし。趣味で漫画を描いており同人誌即売会に出没中。普段はただの会社員

つばき
猿渡家の飼い猫。
三毛・メス

犬井ダル美
（いぬい・だるみ）
犬井家の長女。両親と同居。会社勤めの傍ら某サッカーチームのサポーターとして全国を飛び回っている

第1章
2016年1月～2月

救急病院編

第１章あらすじ

それは突然やってきた

２０１５年12月31日、犬井家では父郎・母子・ダル美（長女）と、私ことサル（次女）、マコト（サルの夫）の５人が集い、いつもどおりの年末年始を過ごしていました。

犬井家のお正月は、大晦日に紅白を見ながら焼肉と年越し蕎麦を食べ、元旦におせち、お屠蘇、雑煮（角餅、鶏肉、小松菜、三つ葉のすまし汁）を食べるという正統派。料理が趣味の父と専業主婦の母が、ほぼすべての料理を手作りしていました（蕎麦も父が打つ！）。

しかし両親とも80歳を超え、きちんとした正月行事が体力的にしんどくなって来たな……と思っていた矢先、

父が脳梗塞で倒れました。

２０１６年１月４日の明け方、コタツでぐったりしている父を姉が発見。救急車で近くの救急病院に搬送されました。診断の結果は脳梗塞。右脳の広範囲に出血があり、意識不明の重体。

これが犬井家の介護生活の始まりでした。

【2016年1月時点のデータ】

■父郎（81歳）
居住地：自宅→救急病院
介護度：要介護５

■母子（83歳）
居住地：自宅
介護度：要支援２／障害者２級

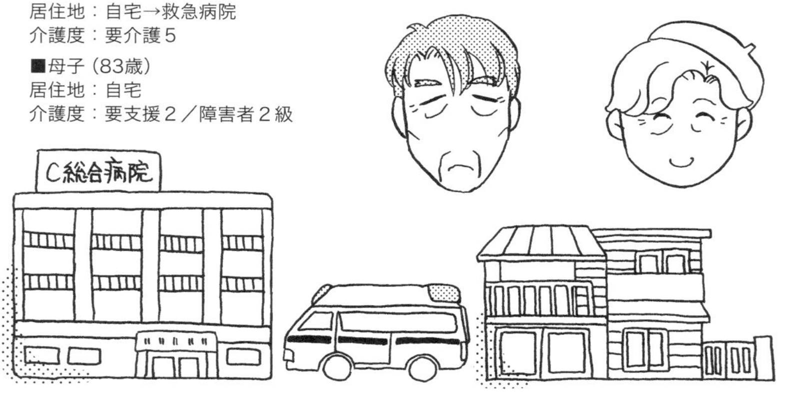

第1話
父、脳梗塞で倒れる

悪いけど明日おせちとお雑煮食べたら夕方には帰るね
つぎきも心配だし
スミマセン
ゆっくりしていけばいいのに
そうは言うてもサラリーマンは4日から仕事ですけん
うむ
1月 2016年
ウチまで一時間圏内だし
いつでも遊びに来てちょうだい
じゃーねー
さっさと帰って来ちゃって悪かったかな
仕方ないよ休みが短いんだもの
一月四日
くそ～っ今日納期の仕事がなきゃ休んだのに
ん?!
ブルブルブルブル
あと何年家族でお正月迎えられるかなぁ
うーん
今年のおせち
手抜き!!

夫からの第一報
お父さんが倒れて救急車で運ばれたそうです
すぐ実家に電話してください
ええっ
病名：脳梗塞
状態：意識不明
早退しまーーす
これがすべての始まりだった

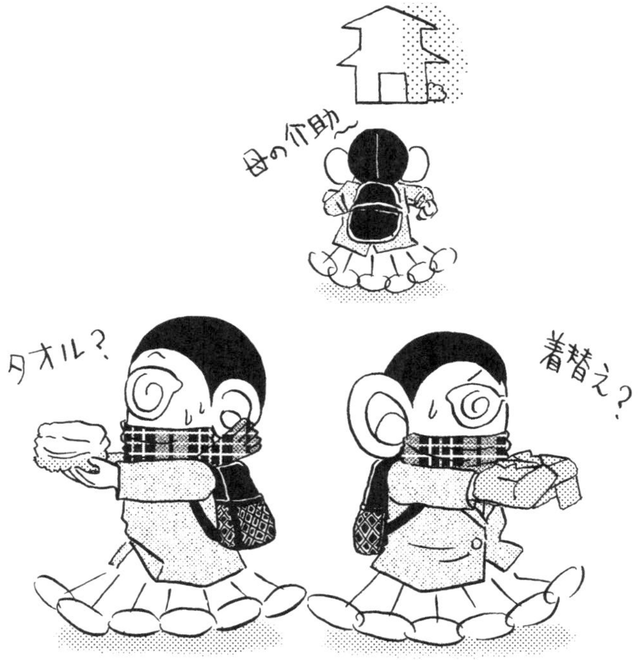
母の介助〜
着替え？
タオル？

第2話
父、救急病院に入院

脳梗塞で倒れた父はかかりつけのC総合病院に救急搬送された
付き添い：姉
自宅待機：母・妹
姉ちゃんから連絡があった
意識も回復して落ち着いてるって
母子曰く（足が悪く要支援2）
お父さんはお酒の飲み過ぎだし倒れたのも3回目だし
ここまで良く頑張ったと思うわ
お、おかーさんっっ
金婚式を過ぎ傘寿《さんじゅ》を越えた母は達観していた
父が脳梗塞で倒れたのは初めてではない
軽・重の差こそあれ大体10年置きにやらかしている
定年!!
60
古希!!
70
Now!!
80

そのたびに社会復帰を果たし
趣味の料理やパソコンを楽しみ
PAPA
びち
びち
家計簿
10
1000
足の悪い母の介助も行っていた
スーパー
父も母も80歳を過ぎて家に帰るたびに年取ったな〜とは思う
トイレトイレ…
でも食生活も正しいし今回もきっと大丈夫
翌1月5日
父ちゃんサル来たよ〜具合どう？
あ〜〜？
これは結構ヤバイかも…

目はうつろで
口元からは
よだれ
垂れまくり
もちろん
おむつで
食事も
栄養点滴
タンがひどく
詰まるらしく
時折激しく
むせていて
とても
苦しそう
ゴボゴボ
ぎょっ
右脳の広範囲に
出血とむくみが
あって
半月は入院
しばらくは会社が
終わったら交代で
付き添いだね
2人とも会社員
定時に
上がれば
7時半には
来れるよ
サルは
汚れ物を
ピックアップして
実家に届けて
おいてくれる？
私が
洗濯して
病院に持って
いくから
救急病院は
長くは入院
できないので
いずれは退院か
転院となる
なにがいるかな？
うーん…
——だが
その後、父が
一度も家に帰ることが
できないとは
家族の誰も想像だに
していなかった

第3話
入院生活の始まり

仕事帰り
病院
姉と交代で病院に通う
その日に起きたことは
連絡帳
ダル美
サル
Campus
連絡ノートで報告し合う
寝てるとやることないし
いい時間つぶしになるな
実際これはとても役に立った
ノートは気軽に読み返せるし
父の妹とも情報共有しやすい
犬井父郎様
○月○日
朝 軟食(粥)
昼 軟食(粥)
夜 プリン
・お粥は残しけどプリン完食
・カステラが食べたいそうだ
当分ムリ〜
のちに父もノートに日記を書くようになり
めくりやすいように付けた日付タグ
3日
2日
1日
朝食
昼食
けつあつ 130 90
ワーファリン 1錠
闘病日記
NOTE 2016.5
その数は数十冊にものぼった

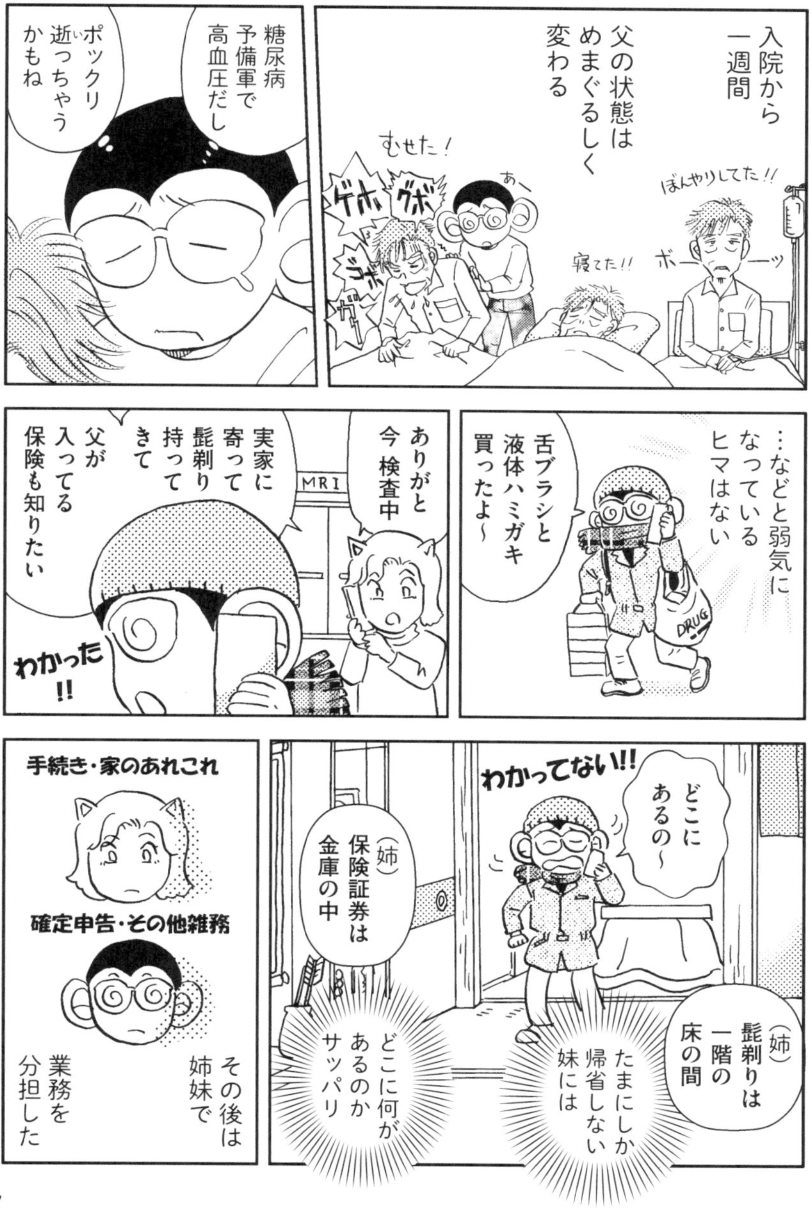

入院から一週間
父の状態はめまぐるしく変わる
むせた！
ゲホ
グボ
ゴボ
ガ
あ～
寝てた!!
ぼんやりしてた!!
ボーーッ
糖尿病予備軍で高血圧だし
ポックリ逝《い》っちゃうかもね
…などと弱気になっているヒマはない
舌ブラシと液体ハミガキ買ったよ～
DRUG
MRI
ありがと今検査中
実家に寄って髭剃り持ってきて
父が入ってる保険も知りたい
わかった!!
わかってない!!
どこにあるの～
(姉)保険証券は金庫の中
(姉)髭剃りは一階の床の間
たまにしか帰省しない妹には
どこに何があるのかサッパリ
手続き・家のあれこれ
確定申告・その他雑務
その後は姉妹で業務を分担した

調べたんだけど
介護認定?
とかいうのをまず受けるんだって
よくわかる介護
知ってる!!
状態が重い時に受けたほうがいいよって友達に言われた
日常生活を送るのにどのくらい介護が必要か表したのが「要介護認定」で
立ったり歩いたりは?
トイレは行ける?
食事は?
要介護
要支援
5 4 3 2 1 2 1
重
軽
区分に応じた介護保険のサービスが受けられる
母も介護認定を受けてて
要支援2
歩行カートも介護保険で買ったんだよ
【サービスの一例】
・おむつの助成　・福祉用具の貸与、販売
・食事や入浴の介助など訪問介護
・デイサービス(日帰りの通所介護)
・ショートステイ(短期間の宿泊介護)
・住宅改修費の支給
友達も親の介護中でヘルパーさん頼んだりしてるみたい
へー
ありがたき介護経験者のアドバイス
アラフィフネットワーク!!
おーっ
さっそく父も申請だ~!!

介護は情報戦
自治体には相談窓口がある 臆《おく》せず何でも聞いてみよう!!
そして介護はチーム戦
兄弟姉妹にその配偶者
男手が必要なら言って!!
確定申告はサルがやるよ!
Kaigo
余ってるおむつあげる
シニアおむつ
介護経験のある友人や専門知識を持つ会社の上司・同僚
ケアマネは合わなかったら代えてもらえるわよ!!
みんなにパスを回しながらゴールを目指すのだ!!

介護保険制度と要介護認定

■2000年にスタートした「介護保険制度」

介護保険は公的な社会保険制度です。高齢社会に対して2000年(平成12年)にスタートし、40歳以上の人が保険料を負担しています。保険料を支払っている意識はないかもしれませんが、給料明細を見ると、「介護保険料」として天引きされています。

簡単に言うと、みんなでお金を出し合って高齢者を支えよう、ということです。高齢などで介護が必要になった時に必要な各種サービスにかかる費用がこの「介護保険」から支払われます。年金と似ていますが、介護保険は、保険料を一生払い続けるという点が少し違います。

介護保険は「保険」なので、支給を受けるには申請が必要です。「私は介護が必要な状態になった」と自分だけで思っていても、自動的にお金が振り込まれることはありません。「私は介護が必要になりました」と申し出る必要があります。その窓口が「地域包括支援センター」です。

■介護の入り口「地域包括支援センター」

介護保険制度がスタートし、その窓口として各自治体に設置されたのが「地域包括支援センター(ケア24)」です。介護保険制度は新しい制度なので(といっても20年以上経っていますが!)、50歳以上が中心の介護世代には聞き慣れない言葉だと思います。名前も小難しくとっつきにくいですが、要は、介護の相談に乗ってくれる専門の窓口です。

「親の介護が必要になったけど、何をしたらいいのかわからない」と思ったら、まずここに相談です。地域包括支援センターがどこにあるかわからない、という人は、お住まいの自治体に問い合わせれば教えてくれます。

■介護保険を受けるには「介護認定」が必要

介護保険による介護サービスを受けるには、「要介護認定」を受ける必要があります。介護が必要な状態といっても漠然としているので、介護がどのくらい必要なのかを図って段階別に表したのが要介護度です。
要介護度は、介護度の軽い順に、要支援1から要介護5までの7つに区分されます。この区分によって、介護保険の支給限度額や利用できるサービスが異なります。支給限度額には自己負担額があり、支給額の1～3割(所得による)は、要介護者の負担となります(2022年末時点※)。
※介護保険制度は3年ごとに見直されるため、制度の内容は変わることがあります。

【要支援1】月額支給限度額:5万320円
要介護状態とは認められないが、社会的支援を必要とする状態

【要支援2】月額支給限度額:10万5310円
生活の一部について部分的に介護を必要とする状態

【要介護1】月額支給限度額:16万7650円
生活の一部について部分的に介護を必要とする状態

【要介護2】月額支給限度額:19万7050円
軽度の介護を必要とする状態

【要介護3】月額支給限度額:27万480円
中程度の介護を必要とする状態

【要介護4】月額支給限度額:30万9380円
重度の介護を必要とする状態

【要介護5】月額支給限度額:36万2170円
最重度の介護を必要とする状態

介護認定を受けるには、まずお住まいの地区の自治体か「地域包括支援センター(ケア24)」に申請書類を提出します。後日、調査員が認定を受けたい本人と面談し、身体の状態を確認したうえで、介護認定の区分が決まります。申請書提出から認定までには1か月程度かかります。
介護認定の更新は原則1年ですが、状況(軽くなった、重くなった)に応じ区分変更も可能です。

【要介護度一覧表】

	食事や排泄	立ち上がり・立位保持・歩行	日常生活	その他	受けられるサービスの回数	1か月あたりの支給限度額（自己負担額）※２０２２年度
要支援１	ほとんど一人でできる	立ち上がりや片足での立位保持などの動作に、何らかの支えを必要とすることがある	入浴や掃除など、日常生活の一部に見守りや介助が必要な場合がある		週２～３回	５万３２０円
要支援２ ※該当する人のうち介護予防サービスの利用により、状態の維持や改善が見られる人	ほとんど一人でできるが、時々介助が必要	立ち上がりや歩行などに不安定さが見られることが多い		問題行動や理解の低下が見られることがある	週３～４回	10万５３１０円
要介護１	ほとんど一人でできるが、時々介助が必要	立ち上がりや歩行などに不安定さが見られることが多い		問題行動や理解の低下が見られることがある	１日１回程度	16万７６５０円
要介護２	何らかの介助が必要	立ち上がりや片足での立位保持、歩行に何らかの支えが必要	衣服の着脱はなんとかできる	忘れ物や直前の行動の理解の一部に低下が見られることがある	１日１～２回程度	19万７０５０円
要介護３	一部介助が必要	立ち上がりや片足での立位保持などが、一人でできない	入浴や衣服の着脱などに全面的な介助が必要	いくつかの問題行動や理解の低下が見られることがある	１日２回程度	27万４８０円
要介護４	食事に時々介助が必要、排泄には全面的な介助が必要	立ち上がりや両足での立位保持が、一人ではほとんどできない	入浴や衣服の着脱などに全面的な介助が必要	多くの問題行動や理解の低下が見られることがある	１日２～３回程度	30万９３８０円
要介護５	一人でできない	歩行や両足での立位保持が、ほとんどできない	日常生活を遂行する能力が著しく低下している	意思の伝達がほとんどできない	１日３～４回程度	36万２１７０円

参考：『働きながら、親をみる』和田秀樹著（ＰＨＰ研究所）

第4話
これからどうなる？　お金どうする？

入院から半月が過ぎたが
回復のきざしはまだまだ見えない
先が見えない中姉妹で決めたこと
愛
サポーター
お互い好きなことはやめない
某
Jリーグ
私は今までどおりサッカーの全国遠征に行くし
今月は大人のバレエ教室の発表会にも参加する
介護バレリーナ♪
サルは地元の飲み会参加かな～？
〈第1日曜〉自主映画上映会
〈第1金曜〉お好み焼き会
〈第3金曜〉おでん会
メンバーは映画、音楽、マンガ、イラスト関係
いいじゃん友達大事よ
で合間をぬって確定申告（サル）と介護申請（ダル美）

いつ退院できるの？
いるらりいんれりるろ？
まだ先かな～
点滴取れてないし
トイレも一人で行けるようにならないとね
あたしにお父さんの介助はムリ!!
――と言いつつ介護用品のカタログを入手
ポータブルトイレ
15,000円～
11万9800円
ハイグレードタイプ
20万円～
結構高い
それに築90年の日本家屋の我が家はバリアフリー改修も必要
犬井さ～ん
先日までの請求書です
ナースセンタ
あっハイ
〈ご請求書〉
犬井父郎様
C総合病院
2016年1月25日
221,500円
1月4日～1月20日
げっ!!

相部屋がダメで
個室に入院した父の
入院費用は
半月で約20万円
給付金付きの
医療保険に
入っておらず
補填はゼロ
差額ベッド代は
確定申告の
医療費控除の
対象外
お金大丈夫？
父が家にいない分の生活費が凹んでるから父の貯蓄と年金を回そう
食費減った！
電気代減った！
うっ
いざとなったら私の貯蓄もあるしね～
姉はほぼ実家暮らしで両親と同居
会社の財形貯蓄も積極的にやっていた
一方、妹は20代で家を出て以来30年間賃貸住まい
派遣社員が長く貯蓄はほとんどない
堅実姉
就職
20代
転職
2年間1人暮らし
30代
以後親と同居
40代
ダメ妹
20代
就職
転職
一人暮らし
バイト
40代
転職
30代
結婚
派遣
賃貸生活
派遣

今日も病院?
そのあと実家に寄るから先に夕飯食べてて
労働力だけでも提供しなきゃ
そんな日が続き…
ヘトヘト…
今日のおでん会は欠席しよ
マコトも行けないし…
くま
いくら「好きなことはやめない」協定を結んだとはいえしょっ中飲んだくれてるわけにもいかないし
お金も貯めなきゃ
もしかしたら実家に帰らなきゃいけないかも…
凹むサル
しかし翌日——
昨日のおでん会のツイート見た?
どれどれ?

知人クリエイターたちによる
大似顔絵大会!!
和気
藹々
あくまでも想像(イメージ)
キーッ
たのしそう!!
サルもマンガ描きたい〜っ
マンガや映画の話ができるこの街を離れたくないいいっ
これからどうなる?
どうすればいい?

第5話
父、要介護5に

ウチはこれからどうなっちゃうんだろう……
父がどこまで回復するかわからないけど
高齢の両親を姉一人に任せるわけにはいかない
この街から離れたくないけど
実家に戻って在宅介護をするしかない…？
でもそんなに簡単じゃないよね
設備も整ってないし
何よりも脳をやられて身体の自由が利かない父を
私らが介護できるものなの…？

ポータブル
ラジオ
持ってきた
どう？
使えそう？
あ〜〜
父は
脳梗塞の
後遺症で
手先がうまく
使えなくなり
今日から
常食
だね〜
大好きな
お刺身だよ
よかった〜
普通
ではない
行動を
することも
しばしば
あっ
あ
詰めこみっ
こんなん
素人には
絶対ムリ!!
ーと思っていた
矢先
父の要介護は
5だったよ
介護
認定
5!?

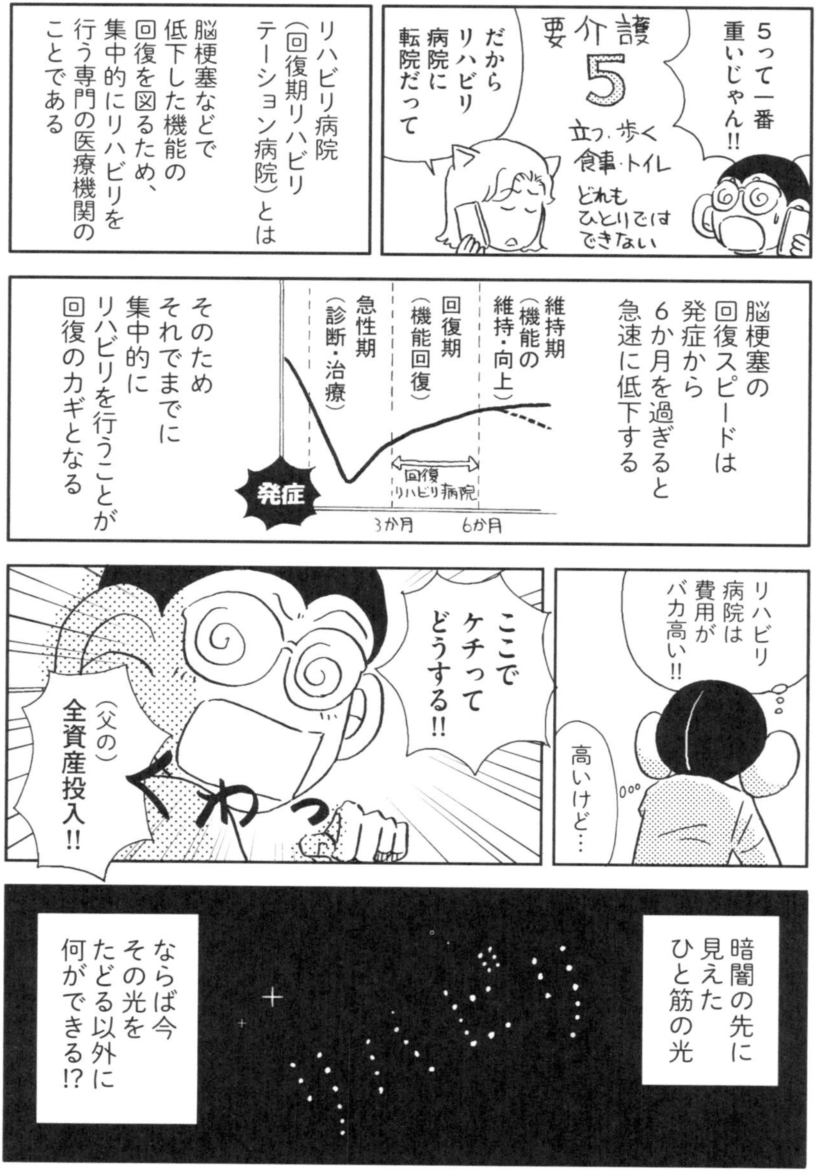

5って一番重いじゃん!!
要介護5
立つ、歩く
食事・トイレ
どれもひとりではできない
だからリハビリ病院に転院だって
リハビリ病院（回復期リハビリテーション病院）とは
脳梗塞などで低下した機能の回復を図るため、集中的にリハビリを行う専門の医療機関のことである
脳梗塞の回復スピードは発症から6か月を過ぎると急速に低下する
維持期（機能の維持・向上）
回復期（機能回復）
急性期（診断・治療）
回復リハビリ病院
発症
3か月
6か月
そのため それまでに集中的にリハビリを行うことが回復のカギとなる
リハビリ病院は費用がバカ高い!!
高いけど…
ここでケチってどうする!!
くわっ
（父の）全資産投入!!
暗闇の先に見えたひと筋の光
ならば今その光をたどる以外に何ができる!?

親の介護では
施設に入れるのは一部のお金持ちだけでしょ？
ハアー うらやましい…
…とか
子供が親の面倒見るのは当たり前
かわいそう～!!
仕事と親のどっちが大事なの～？
…という声も耳にしますが
在宅で介護しようが施設に預けようがお金は必要!!
医療費
通院のタクシー代
30枚入 パンツタイプ
大人用おむつ
尿もれパッド 120cc
いっぱい使う
消耗品
流せるおしりふき
健康によい食材
減塩みそ
介護のために子供が仕事を辞めちゃ絶対ダメ!!
むしろ
倍稼げ!!
ヘルパーさん
いちいち高い!
介護用品
光熱費

―というわけにも
いかないので
じっ
何やってんの?
靴下に穴
開いちゃって
繕《つくろ》えば
まだ履ける
老眼
ニャ
冷蔵庫の煮物
食べてもいい〜?
あーっ
半分は
残して
おいて
明日の朝の
おかずと
お弁当にも
入れるから〜っ
使うべきところに
お金を使い
節約できるところは
切り詰める
このかぼちゃ
ウチの実家の?
(岩手)
実家が
農家
お米ももらいました。
ありがたや〜♡
こうした
一つひとつが
立派な「介護」だと
思っている

【家族間での情報共有の重要性】

介護体験談
（サル心のつぶやき）

介護はある日突然やってきます。

父のように脳に損傷を受けてしまうと、その人が持っていた情報がわからなくなってしまうという問題が発生します。

父はパソコンが趣味で、定年後に様々な情報をデータ化し、パソコンに記録していました。医療費の資料や定年以降の保険・年金の出納帳、食べたもののカロリーや飲んでいる薬、加入保険や年金の連絡先、菩提寺やお墓の場所等々…。データはパソコンに保管するだけではなく、プリントアウトして紙の資料や写真などと一緒に一つのファイルにまとめるという徹底ぶり。家族が集まった時に「オレに何かあったらこのファイルを見るように」と言っていました。

おかげで父が要介護状態になった後も、娘はこの引継書を見ながら様々な手続きをスムーズに行うことができました。

最近では、こういった情報を共有するためのノートが「エンディング・ノート」といった名称で文房具店などで売られています。慌てる前にご準備を！

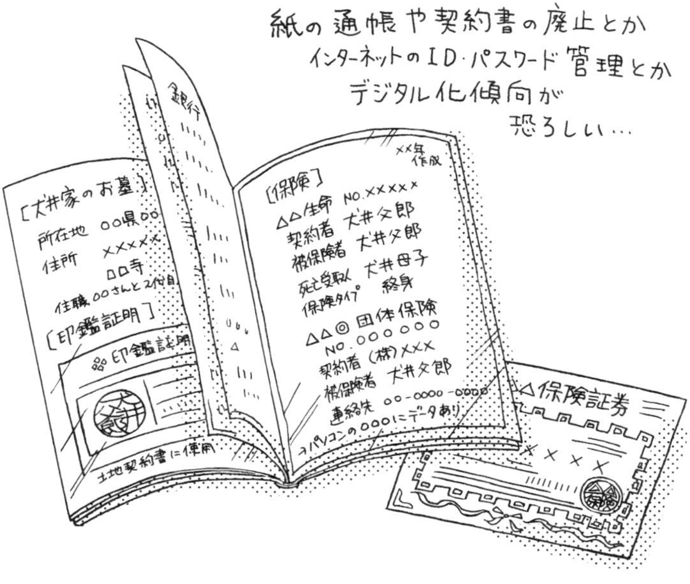

介護体験談（サル心のつぶやき）

【要介護者に立ちはだかるカベ〜本人確認】

契約事項を変更したり解約したりする時に「本人確認」が必要な場合があります。契約者が要介護状態になった時にどうすればよいのか？　犬井家の体験談をご紹介します。

■衛星放送の解約（規約：契約者本人が電話で申し出る）

私の夫に代返を頼みましたが、事情を説明したら代理人でも電話で解約できました。委任状も本人確認も必要ありませんでした。

■携帯電話のプラン変更（規約：契約者が窓口に行く）

委任状があれば代理人でも可能。本人確認は代理人だけで、委任者と代理人の署名捺印があれば、書類は受理してもらえました。

■銀行の貸金庫の代理人登録（規約：代理人と契約者の本人確認が必要）

代理人が実の娘でも、世帯が別であれば戸籍謄本の提出が必要。さらに行員が事前登録済みの電話番号（自宅だった）に電話し、直接父と話をする必要もありました。登録のない携帯への架電はダメだと言われましたが、どうにか了承してもらい、無事本人確認が完了。何とか私が代理人になることができました。

この銀行の場合、解約は「本人の来店が必須」だそうです。つまり来店が困難な契約者は貸金庫の解約ができないということです。実際、貸金庫が解約できたのは、父が亡くなり相続が確定した後でした（口座凍結だけではダメ）。相続問題に詳しい専門家が「要介護状態になる前に解約しておきましょう」と助言していましたが、まさにその通り！

コロナ後、様々な手続きのオンライン化が進んでいます。歩行が困難な要介護者にとって「来店必須」のハードルが下がるだけでも、ずいぶん助かる気がします。

第6話

介護とお金 ～親の資産を把握せよ

父の代わりに確定申告をすることになったので
※主に医療費控除の申告
ーおくすりー
犬井父郎様
××薬局
犬井母子様
内服薬
△△病院
資料の確認のため実家に立ち寄った
うーさむ～
この家は寒いのだ…
父のパソコンにデータがあるはず
Windows 10
あっ
しまった!!
パスワードわかんないよ～
それなら大丈夫～っ
外出中
キーボードにテプラで貼ってあるから
いちばんやっちゃダメな管理方法
PAPA1234
Esc F1 F2 F3 F4 F5
でもおかげで助かりました～

あったあった
フォルダ
確定申告2013.xls
確定申告2014.xls
うおっ
去年かかった医療費が全部入力されてる!!
2015年 医療費
10/20 ABクリニック
10/25 ドラッグ△△
11/20 ABクリニック 1,600円
11/22 ロロ歯科 520円
11/25 ロロ薬局 480円
12/10 ABクリニック 1,600円
12/11 △△整形外科 390円
入力済データとレシートと…
几帳面な父
領収書(※)もきれいにまとめてあった
¥2045
ABクリニック
○×歯科
587
ドラッグTOM
¥295
やることなかった
犬井
企業年金の源泉徴収票が届いたら教えて
サッカー遠征中
おっけー♪
※2017年度分より領収証（原本）の提出不要
医療費控除は会社員にもお馴染みの所得控除
申告すると納め過ぎた税金が返ってくる
お早めに!!
E-Tax
確定申告
2月16日～3月15日
国税庁
犬井家では還付金を固定資産税に充て
税
私はブラジャーを買い換えた

翌年の確定申告
父は障害者認定が受けられるんじゃ!?
そーなのよーっ
前にそう思って書類用意してたのに忘れてた～
イヤ!!
今からでも申請しよう!
申告の手引
税
48万円の控除はデカイ!!
私が区役所で証明書発行してもらってサルがそれを持って税務署へ
区役所
徒歩20分
税
強行軍だ～っ
明日しか有休もらってないからね
――なぜ役所は土日やってないのか
なぜ税務署は駅から遠いのか
BEER
BEER
自転車で行くから平気だけどね～
な～んて甘く考えていたら
――雨だった
実家でありったけの雨具を借りました‥
障害者控除対象者認定書
犬井父郎様
申請者/
平成28年分
申告内容確認書
A区○町
1-2-3
犬井父郎
税金の計算
収入 ○○○
○○○○
所得 ○○○
還付額
控除額
医療費 ×××
社会保険 ×××
障害者 ×××
A区区長
済
赤いリュック
オレンジのウィンドブレーカー
赤い自転車
透明のレインコート
青いナイロンパンツ
ぬりえ

介護にはお金が必要
かといってそうそう収入は増やせない
そこで私は稼ぐ以外の方法でカバーしました
確定申告の所得控除活用もその一つ
返して!!
TAX
納め過ぎた税金はキッチリ返してもらいましょう
日常的に払っているものでも控除の対象になるものがありますよ〜
【主な所得控除】
・医療費控除
・社会保険料控除
・生命保険料控除
・配偶者控除
・障害者控除 など
税のしくみ
病院にかかることが増える世代にとって捨てがたいのが「医療費控除」
世帯で合算ができるので意外とすぐ対象になります
HOSPITAL
薬
薬
同一世帯の合計が10万〜200万円
ただし差額ベッド代は対象外
個室じゃなきゃヤダー
【対象とならないもの】
・個室の差額ベッド代
・お見舞いの交通費 など
(医療目的以外は対象外)

ONE POINT

【介護費や医療費が高額になった時の救済措置】

■後期高齢者高額療養費（後期高齢者医療保険制度）／月単位

１か月（１日～末日）の自己負担額が高額になった時に、自己負担限度額を超えた分が払い戻される制度。該当者には、診療した月から約４か月後に申請書が送られてきます。初回のみ申請すれば、２回目以降は改めて申請をしなくても払い戻されます。

■高額介護サービス費（介護保険）／月単位

介護保険の介護サービスを利用する際には、介護度に応じた自己負担額が発生しますが、その自己負担額が高額になった時に、上限額を超えた分が返還されます。

■高額介護合算療養費／年単位

上記サービスを利用しても自己負担額が高額になった場合、同一月・同一世帯の複数の自己負担額が合算でき、費用が返還される仕組み。

高齢者に優しい制度がいろいろあるんだね!!
やるじゃん!
ただし勝手にはやってくれない
ぜ～んぶ申請書の提出が必要だよ
申請
申請
自治体から自宅に書類が送られてくるから
署名捺印して返送する
申請書
犬井父郎
私が同居していなかったら
どさ
どさ
たぶん気が付かなかったと思う
次から次へと申請書類が届いて大変だった～
母の分もあるから2倍!!
申し訳ない…
姉に任せてしまったので詳しくはわかりませんが
いろいろお得な制度があるようです
(調べてね)

第7話

介護とお金 〜自分たちのお金の話

企業年金ももらってるし父ちゃんそこそこ所得あるな〜
たくさん払ってきた世代だからね
とりあえずすぐ路頭に迷うことはないかな〜
BANK
親の資産はわかったけど
子どもいないし……
私らは将来介護が必要になった時に大丈夫なのかな？
おおっ相談無料
相談無料
もれなく和牛プレゼント
保険を見直してみませんか？
和牛ももらえる!!
プロの意見を聞いてみることに
保険のマストドン田中と申します
Café カスト
ご夫婦の年齢とご職業
60歳定年の場合の収入と支出をチャート化してみましょう
ライフプラン
定年
マストドン
家賃が毎月○円かかってます
夫はフリーで私も中途入社です
う〜ん
ボーナスは奥様のみ
退職金はこのくらいでしょうか

給与所得があるうちに少しでも増やしておきたいところですが
えーと…
低金利の今100万円預けても利息が…
iDeCo
NISA
貯蓄型の保険！
——は満期までの年数がチョット…
あっ
今、流行のドル建てなら
あれや
これや
……
ダメです！
どうやっても貯蓄を増やせません！
プルプル…
お役に立てず申し訳ございません
では私はこれにて
サッ
ササッ
あ、お茶代はワタクシどもで…
せめてあと5年早くご相談いただいていればね～
そんなこと
今さら言われてもね…
ぴゅ
親の介護どころではない
牛肉美味しいけど脂がキツイね…
老いたな父上…
自分たちが老後を迎えるのもそう遠くはないアラフィフ世代…

第2章
2016年2月〜7月

回復期
リハビリテーション病院編

第2章あらすじ

リハビリ病院ってどんなところ？

正式名称は「回復期リハビリテーション病院」。脳梗塞などで低下した機能の回復を図るため、集中的にリハビリを行う専門の医療機関です。

脳梗塞などの脳疾患の後遺症として、身体の麻痺など運動機能の低下が見られます。低下した機能の回復は、発症から半年を過ぎると急激に難しくなると言われているため、病院での処置・治療が終わったら速やかに転院し、リハビリを行う必要があります。

父はリハビリ病院で、1日合計で6回程度の理学療法、作業療法、言語聴覚療法リハビリをみっちり行いました。朝起きてから寝るまで、食事以外の時間はほぼリハビリ。移動も自力での歩行で、決して甘やかしてはくれません。

その甲斐あって、入院後1週間には自分の足で立ち、手すりなどの補助を利用しつつ1人で歩けるようになっていました。

脳梗塞の後遺症として父は「高次脳機能障害」（60ページ参照）も発症したため、そのリハビリも必要になりましたが、それは別として、身体的な機能回復リハビリの効果はてきめんだったと言えます。

2016年2月時点のデータ

■父郎（81歳）
居住地：救急病院→回復期リハビリテーション病院
介護度：要介護5／高次脳機能障害あり

■母子（83歳）
居住地：自宅
介護度：要支援2／歩行カート使用

ひまわりリハビリ

猪藤《いとう》婦長
言語聴覚士
熊原《くまはら》さん
理学療法士
鳥山《とりやま》さん
作業療法士
兎野《うさぎの》さん

第1話
リハビリ病院「ひまわり」

2016年2月 父 リハビリ病院に転院
ソーシャルワーカーの鹿園です
よろしく!!
婦長の猪篠です
猪篠
常に皆様に目が行き届くようスタッフルームを中央に据え
隣に食堂
周囲に居室を配置しています
おむつ
受付
お父様は他の入居者が気になりやすいということですので
奥の個室です
2人部屋
個室
ソファ
WC
スタッフルーム
食堂
EV
内弁慶でスミマセン…♪
日中は部屋着で過ごしていただきます
脱ぎ着のしやすい服をご用意ください
着替えもリハビリ!

リハビリ室では階段の昇り降りや歩行訓練などを行います
理学療法士 鳥山
お手玉やパズル工作・調理などを通して日常生活に必要な機能の回復を図ります
作業療法士 兎野
言語療法ではコミュニケーション能力のほか
口や舌の麻痺によって起こる運動障害の回復にも努めます
言語聴覚士 熊原
あいうえお
かきくけこ
さしすせそ
たちつてと
なにぬねの
「洗濯は家族でお願いします」だって
病院はリハビリに特化するってことだね
DRY
3coins
LAUNDRY
洗濯カゴ用意しよう
駅前に薬局と
衣料品も売ってるスーパーがあったよ
着替えを買おう
周辺情報もチェック!!
すぐ飲みに行く姉妹

わー
姉ちゃんに任せっきりで
転院から一度も行ってなかった
ん？
立ってる!!
えっ
307 犬井
救急病院では寝たきりでオムツ
ストレッチャーで転院してきた父が
たった一週間でつかまり立ちができてる!!
食事の介助はなし
軟食（お粥みたいなやつ）
ポロポロこぼしてるけどね….
新聞も読むんだ
元マスコミ
ヨロ
ヨロ

実家に寄ってきたから遅くなってゴメンね
ピッ
携帯も持ってきたよ
犬井さーん
リハビリの時間でーす
かんたん
えっ もう?!
ごはんたべたばっかり
午前中にも2回やってますよ
ホントだ…
リハ病棟3階
犬井父郎様
リハビリテーション時間割
理学療法
作業療法
言語療法
11:15
9:00
16:30
びっしり
移動は?車椅子ですか?
いーえー
リハビリ室まで歩いて行きます
ハイ 輪っかを取って架けてくださいねー
あ～～あ…
うーん
これは毎日忙しそうだ…

第2話
介護用品あれこれ

※2016年時点（現在は要介護3以上に引き上げ）

【おむつ助成　申請方法】 **ONE POINT**

地域包括支援センター（※）の窓口に出向き、カタログから欲しいおむつやパッドを指定します。

＜A区の場合＞

・月7,000円まで（費用の１割は本人負担）
・現物支給（自宅または指定の場所へ配送）
・月単位で支給品の変更が可能（電話での変更受付可）

※地域包括支援センター（ケア24）
　介護に関する相談窓口として保健師や社会福祉士などが配置された機関。2006年から各自治体に設置されている。開設時間は平日９時～19時、土曜の午前中という自治体が多く、会社員にはハードル高め。

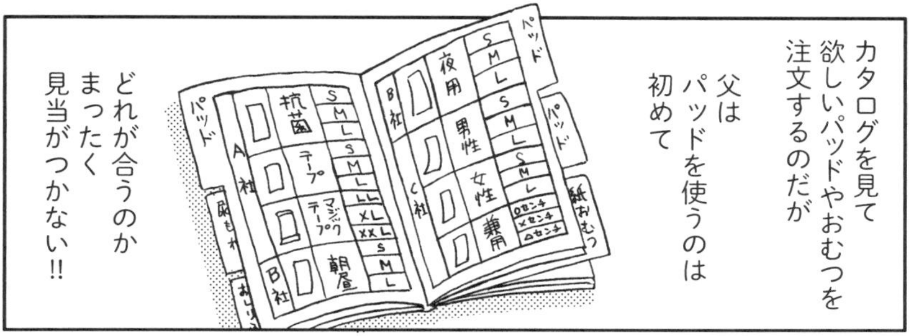
カタログを見て欲しいパッドやおむつを注文するのだが
父はパッドを使うのは初めて
どれが合うのかまったく見当がつかない!!
パッド
A社
B社
C社
抗菌
テープ
マジックテープ
朝昼
夜用
男性
女性
兼用
紙おむつ

ONE POINT

おむつ

外側につけるおむつ

布製

〈布製パンツ〉
軽い失禁がある人が使う吸水性のあるパンツ

紙製

〈パンツタイプ〉
普通のパンツのように履ける紙おむつ。通称リハパン

〈テープタイプ〉
自力排泄が難しい人に対して介護者があてがって使う

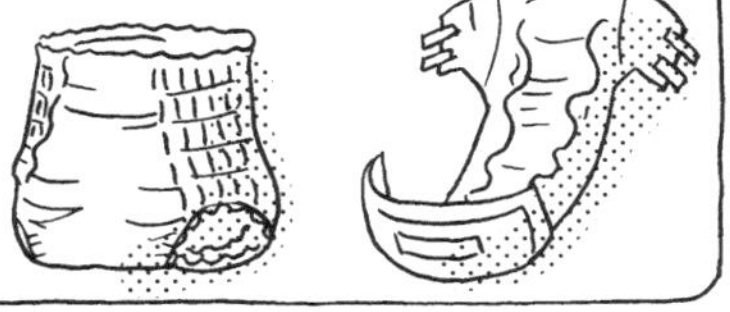

内側につけるおむつ（パッド）

〈紙パンツ用パッド〉　〈尿取りパッド〉

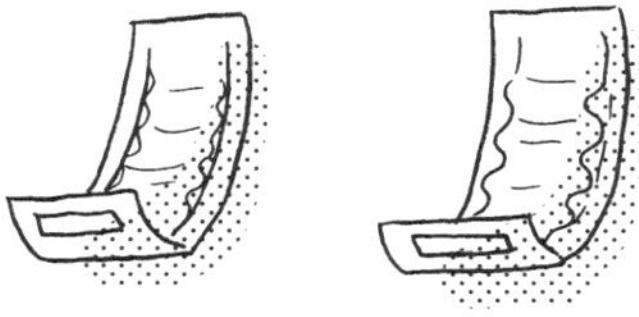

どちらもパンツにズレ防止のテープで固定して使う。見た目がそっくりで違いがよくわからないが、尿取りパッドは「生理用ナプキンのおしっこ版」という認識で合っているだろうか??

父が使う尿取りパッドにもサイズや一枚あたりの吸水量が違います
吸水量いろいろ
大きさいろいろ

メーカーによって値段もバラバラ
A社は68枚1,200円
B社は30枚640円
1枚あたりが安いのは…?
できれば限度額の7000円ギリギリまで使いたい

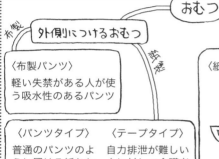

数日後
届いた!!
ライフリー
尿とりパッド
こっちの使いかけは?
友達にもらった
親御さん用に買ったのが必要なくなったからって
何が合うかわかんないしいろいろ試そう
何が合うかわからない?
なら利きおむつはどうでい?
うす型
テープ式
ワイド
ふんわりとかさらさらとかお申し付けください
わたくしがチョイスいたします
なーんちゃって
欲しいね〜おむつソムリエ
何でも酒かよ!!
あとで知りましたが
世の中には「おむつフィッター」という資格がちゃんと存在します

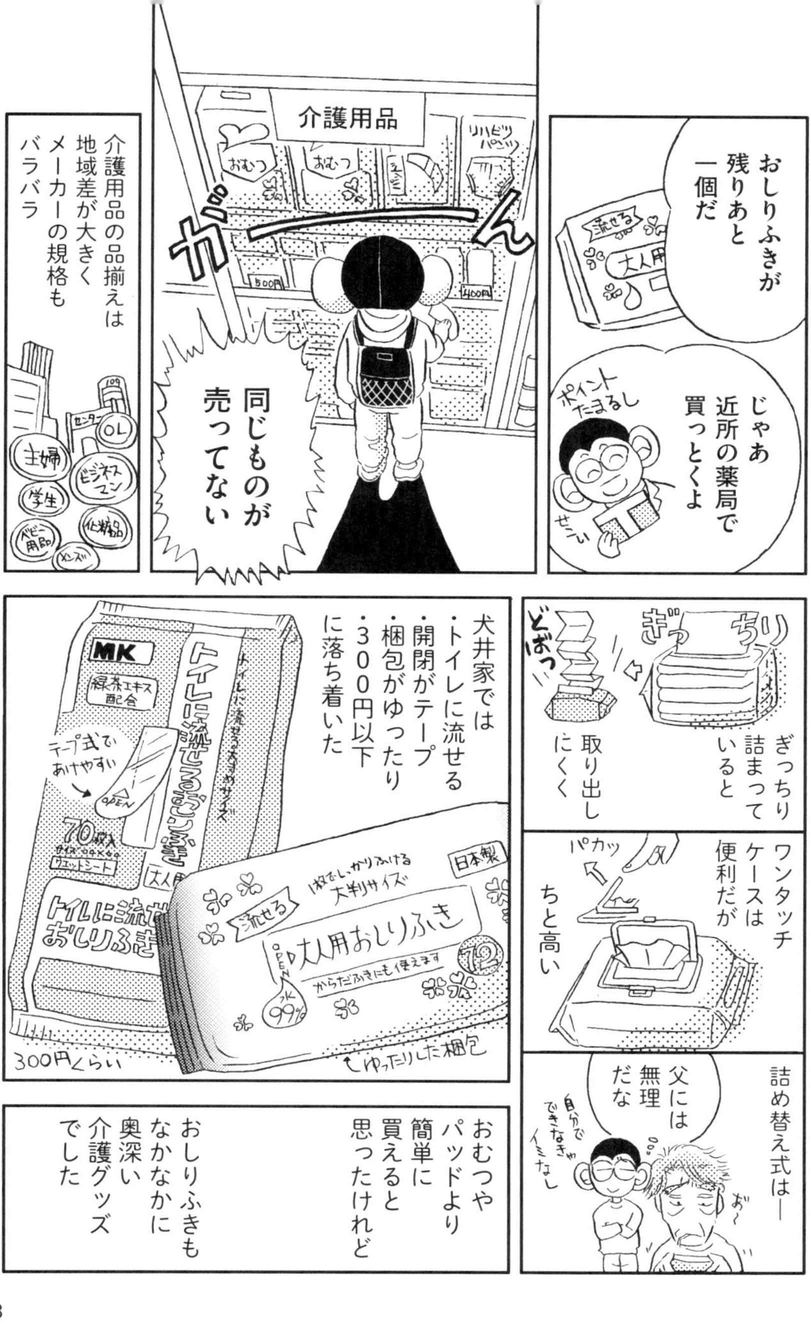
おしりふきが残りあと一個だ
流せる
大人用
じゃあ近所の薬局で買っとくよ
ポイントたまるし
せっせ
介護用品
おむつ
おむつ
リハビリパンツ
がーーん
500円
400円
同じものが売ってない
介護用品の品揃えは地域差が大きくメーカーの規格もバラバラ
主婦
学生
ベビー用品
メンズ
化粧品
ビジネスマン
OL
センター
ぎっちり
どばっ
ぎっちり詰まっていると取り出しにくく
犬井家では
・トイレに流せる
・開閉がテープ
・梱包がゆったり
・300円以下
に落ち着いた
MK
緑茶エキス配合
トイレに流せるおしりふき
テープ式であけやすい
OPEN
70枚入
ウエットシート
大人用
トイレに流せるおしりふき
300円くらい
日本製
流せる
1枚でしっかりふける大判サイズ
大人用おしりふき
からだふきにも使えます
水99%
72
ゆったりした梱包
ワンタッチケースは便利だがちと高い
パカッ
詰め替え式は—
父には無理だな
自分でできなきゃイミなし
お〜
おむつやパッドより簡単に買えると思ったけれどおしりふきもなかなかに奥深い介護グッズでした

第3話
家族の付き合い方

すごいよ リハビリ!
メールも 頑張って 打ってる!
でたらめ だけど
最近は 電話もかかって くるよ
RRR
RR
父
15:00
「寂しいんだろう」「これもリハビリ」と軽く考えていたのですが——
どこに いるろ?
会社だよ
すぐきて
無理だって 姉ちゃんが 仕事帰りに 寄るから 待ってて
ウロ
ウロ
私は 土曜に 行くよ
どようって きょう?
今日は まだ火曜 でしょ
きんよう?
だから 今日は火曜 だって!
ブルブル
ブルブル
お義父 さん?
ゴメン 起こして 放っといて いいよ
OFF
電話やメールが ひっきりなしに 来るように

もうっ！
リハビリテーシ
ひと晩中
電話されたら
眠れない
でしょ!!
ガミ
ガミ
せめて
メールにして！
メール！
ちょっと
見せ…
わっ
携帯の設定がメチャクチャにーー!!
私や姉ちゃんの
ワンタッチダイヤル
消えてるし
待ち受けが
父の顔のアップ
に…
こわい…
K10
兎野
まな
妹
自宅
ABと
77z
電話帳
発信履歴が
いっぱいあるけど
鮎川さん…？
浅利さん…？
ってダレっ…
あっ
2/27　0:20
鮎川こずえ
2/27　0:25
鮎川こずえ
2/27　0:28
鮎川こずえ
登録してある
母の知人の
番号…
相手が
わかってて
かけてるんじゃ
ない
ただの
誤発信だ～っ

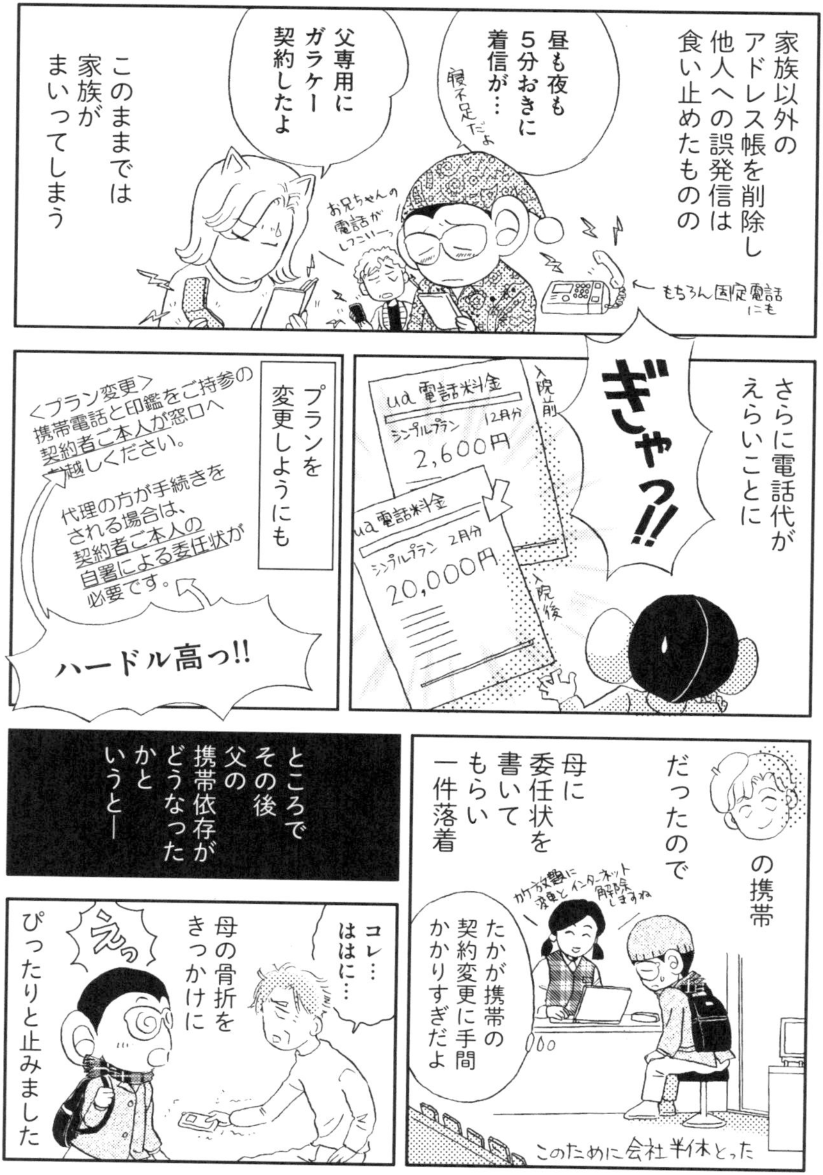
家族以外のアドレス帳を削除し他人への誤発信は食い止めたものの
昼も夜も5分おきに着信が…
寝不足だよ
父専用にガラケー契約したよ
お兄ちゃんの電話がしつこいー
もちろん固定電話にも
このままでは家族がまいってしまう
さらに電話代がえらいことに
ぎゃっ!!
ua電話料金
シンプルプラン 12月分
2,600円
入院前
ua電話料金
シンプルプラン 2月分
20,000円
入院後
プランを変更しようにも
<プラン変更>
携帯電話と印鑑をご持参の上契約者ご本人が窓口へお越しください。
代理の方が手続きをされる場合は、契約者ご本人の自署による委任状が必要です。
ハードル高っ!!
の携帯だったので
母に委任状を書いてもらい一件落着
カケ放題に変更とインターネット解除しますね
たかが携帯の契約変更に手間かかりすぎだよ
このために会社半休とった
ところでその後父の携帯依存がどうなったかというと—
コレ…ははに…
母の骨折をきっかけに
えっ
ぴったりと止みました

転院後しばらくは
長女・ダル美
と
次女・サル
と
父の妹
…が交代で病院に通う
妻・犬井母子さんはというと
行きたくないわけじゃないの
しれっ
カートがないと歩けないから電車はダメ
立ったり座ったりしんどいから家で寝ていたい
犬井母子（84歳）
・変形性関節症による右下肢機能障害（4級）
※2016年時点
・要支援2
・運動不足で肥満
病院まで直線距離は近いものの電車は乗り換えがあり最寄駅からも遠い
そして犬井家は全員無免許
えき
約3キロ
かわ
リハ
徒歩15分
えき
サルは持ってるけどちり紙免許で（超ペーパードライバー）ござる…
でこうなる
ギャー乗れない！
あ、カートお願いします
ホラ！足入れて
何とかタクシーに乗せること20分
障害者割引お願いします
近くてスミマセン
障害者手帳
あいよっ！

お父さん
どう？
元気
してた？
ニコ
ニコ
よかった
嬉しそう
やっぱり
夫婦
だなー
ポン
ポン
よかった
よかった
…と！
このスキに
汚れ物
チェック！
消耗品補充！
LANDRY
サルちゃ～ん
お父さん
よだれが
～っ
ドキッ!!
かわいそ～
拭いてあげて
心配
しないで
いつもの
ことだから
あ～
サルちゃん
トイレどこ～？
はいっ
部屋のを
使って!!
カートで
入れるよ！
モジ
モジ
父も～
ちょっと
待って
待って～っ
ひ～っ
ジャー
ヨロ
ヨロ
リハビリ
ですよ～
あ…
今トイレ
中で…
アラ♡
じゃあ
アタシは
帰ろう
かしらん
ええ～っ
もう～!?
まだ何も
やってない!!
こんもり

ひまわりリハビリ病院まで迎車お願いします
リハビリ室
ニコニコ
バイバーイ
母を連れてくと父は喜ぶけど
年寄り二人の相手じゃこっちがクタクタだよ
タクシー代かかるし…
領収書 2300円 ×タクシー
1000
※見舞いのタクシー代は医療費になりません
内弁慶で家族ベッタリの父
病院の中に話し相手ができるといいな
1234
ガーッ
と思っていたある日——
食堂の父の席がひとりだけ壁際に!!

第4話
父と高次脳機能障害

脳の損傷により意識のコントロールができなくなるのが高次脳機能障害の特徴です
右
左
遂行機能障害
注意障害
記憶障害
半側空間無視
着衣失行
失語症
観念運動失行
・気が散りやすい
・執着が強くなる
・言葉が出ない
・物の使い方がわからない
・新しいことが覚えられない
などなど
お父様にはこんな症状が見られませんか？
ガツン
あっ確かに！
「半側空間無視」という症状で視力に異常がないのに片側（主に左）を認識できなくなります
父の症例
すっきり
きれいに剃れたね〜
髭剃り洗っておくね
ジャー
服も着替えようか
チラ…
ハッ
充電中
ひげ…剃る……
今やったばっかじゃん！
他のことにすぐ気を取られる

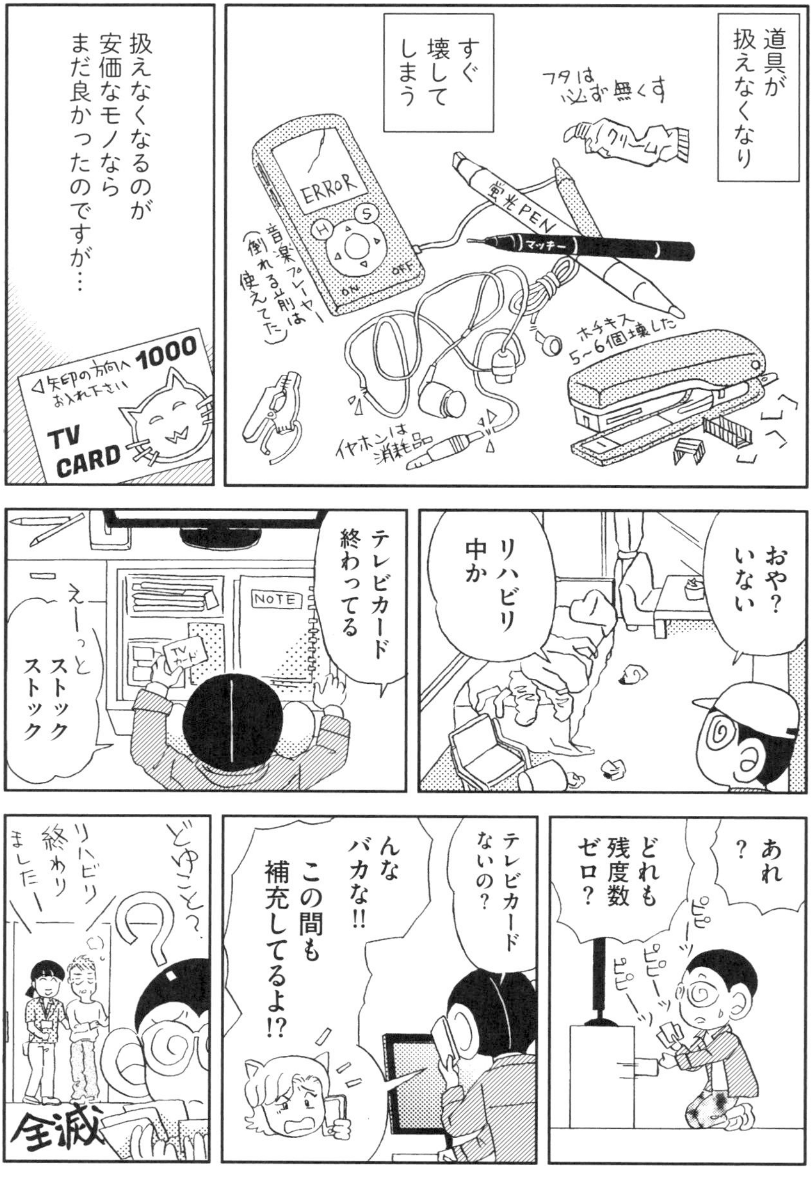

道具が扱えなくなり
すぐ壊してしまう
フタは必ず無くす
クリーム
ERROR
蛍光PEN
マッチー
音楽プレーヤー（倒れる以前は使えてた）
ON
OFF
ホチキス5〜6個壊した
イヤホンは消耗品
扱えなくなるのが安価なモノならまだ良かったのですが…
◁矢印の方向へお入れ下さい
1000
TV CARD
おや？いない
リハビリ中か
テレビカード終わってる
NOTE
TVカード
えーっとストックストック
あれ？
どれも残度数ゼロ？
ピピーッ
ピピーッ
ピピーッ
テレビカードないの？
んなバカな!!
この間も補充してるよ!?
どゆこと？
リハビリ終わりましたー
全滅

あの…お父様
夜ずっと起きていらっしゃるんです
ハア??
TVも電気もつけっぱなしで…
なのでリハビリ中に寝てしまって
ハア??
ちゃんとリハビリやってよね!!
テレビつかない…カード…
テレビカードもう全部使っちゃったよ!!
何か対策を…
毎日リハビリ表や食事カードをノートに貼っている
父は記録が大スキだ!!
はっ
朝食
昼食
リハビリ
きざみ食
夕食
カードは一日一枚まで
部屋にいない時はテレビを切る
一枚で16時間視聴できるから一日もつ!!
番号を書いたカードを一週間分ウォールポケットに入れておくから
100均
使い切ったらノートに貼ってその日はテレビ終わり!!
わかりやすい管理方法
数日後…
あるだけ全部使ってた…
「自己管理」
高次脳機能障害の父には……ムリでした

今日はパズルをやりましょう
同じ形の穴に入れてください
父ちゃんの得意分野だ
子供の頃から
サルもとくいさ!!
一緒にジグソーパズルで遊んでくれたっけ
まず外枠を作るんだよ
若パパ
ピースも色分けしておくと見つけやすい
ちびザル
わびサル
あっココはこれじゃない!?
いやいやこっちだ
じゃぁ勝負〜っ!!
オレの勝ち〜っ
うわーん
大人気ない40代父郎

何やってんの
そこはマルじゃないでしょ
イラ イラ
ニコ ニコ
ゆっくりとやってみましょう
――そうか
こんな何でもないことが
もうカンタンじゃないんだね――
父はもう以前と同じ何でもできる父ではなく
介護が必要なただのお年寄り
その現実に家族はどう向き合っていけばいいんだろう…

第5話
高次脳機能障害でもできること

もともと苦手な人付き合いができるようになるわけもなく
病院内での友達づくりはあきらめた
どーしたもんか……
テレビ視聴はカード代がかかるし
ボーっと見てるだけじゃリハビリにはならない…
かえってボケそう……
リハビリに
好きなことを取り入れると効果的ですよ
〈趣味〉パソコン 料理
ハードル高し
何書いてんの?
けつあつと…
こんだて…
そ〜いえば倒れてからもずっと字を書こうとしている
これだ!!
父ちゃんはコラム書いてなかったっけ?
むかし…
かいてた
なかまと
ずいひつ…
だんしょう
へやのロッカー
訳
昔有志で作った「だんしょう」という随筆集が部屋のロッカーに入ってる

【高次脳機能障害と認知症】　**ONE POINT**

言語、記憶、空間認知、思考など人間に備わっている複雑な神経の機能を「高次脳機能」と呼び、事故や怪我、病気などで脳を損傷することによって起こる認知障害を「高次脳機能障害」と言います。

高次脳機能障害を発症すると、「新しいことが覚えられない、やったことをすぐ忘れる（記憶障害）」、「周囲に気を取られる、ミスが増える（注意障害）」、「感情のコントロールができなくなる（社会的行動障害）」、「話が理解できない、言葉が出ない（失語症）」といった症状が現れます。

高次脳機能障害は認知症とは違うカテゴリーですが、一般的にいろいろな認知機能が落ちるので、ほとんどの場合、認知症と診断されます。

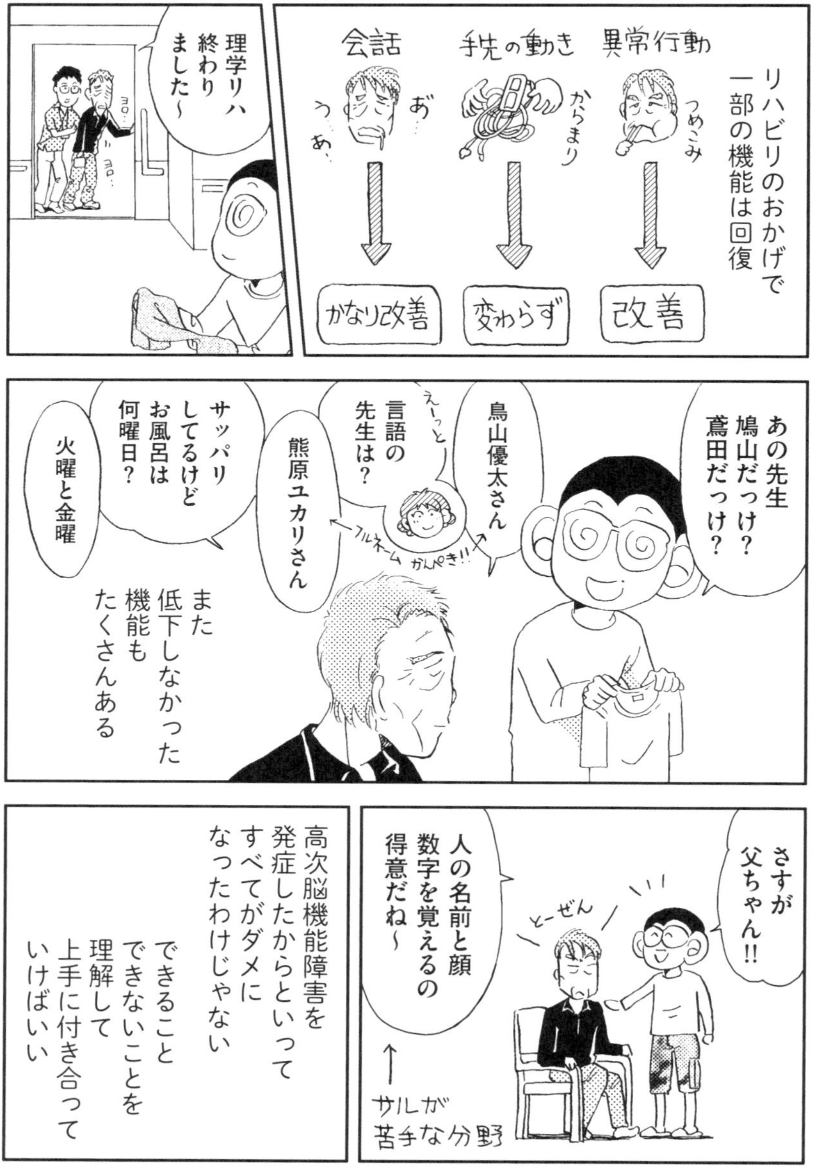

リハビリのおかげで一部の機能は回復
会話
あ…
う あ、
手先の動き
からまり
異常行動
つめこみ
かなり改善
変わらず
改善
理学リハ終わりました～
ヨロ…
ヨロ…
あの先生鳩山だっけ？鳶田だっけ？
鳥山優太さん
えーっと
言語の先生は？
熊原ユカリさん
フルネームかんぺき!!
サッパリしてるけどお風呂は何曜日？
火曜と金曜
また低下しなかった機能もたくさんある
さすが父ちゃん!!
とーぜん
人の名前と顔数字を覚えるの得意だね～
サルが苦手な分野
高次脳機能障害を発症したからといってすべてがダメになったわけじゃない
できることできないことを理解して上手に付き合っていけばいい

介護体験談
（サル心のつぶやき）

【介護用品のデザインはなぜダサイ!?】

介護用品は実用性重視で、わくわくするデザインが少ないと思いませんか？「男性は青系のチェック、女性はピンクの小花柄で十分でしょ？」みたいな感じで、選んであげる家族も楽しくないです。介護施設では「衣料品の混在」に頭を悩ませているようですが、それもこの「似たようなデザインの服が多い」ことに原因があるのでは……。

実用性重視と言いつつ、本当に使う側のニーズに合っている？　と思う商品も見かけます。例えば、着脱が簡単とボタン代わりに使われているマジックテープ。ゴミが付きやすく、すぐ留まりにくくなってしまいます。また実用性でいえば、衣料品には名前を書く場所がほしい！（138ページ）

プラスチック食器もがっかりアイテムのひとつです。もちろん介護施設では「割れにくい」「お手入れしやすい」のは大事なことなので、デザインだけでも改善して欲しいです。最近は100円ショップでも素敵なデザインの食器が増えていますので、介護用品も頑張って〜。

犬井家では、家族で食事会をする時に自宅で愛用していた陶器の食器を使うようにしていました。荷物はちょっと増えるけど、やっぱりいいものです。

男はチェックか縞
女は花柄
ガーゼ地の
ガーリーなパジャマ
幼稚園児みたいな
キャラクター
よくわからん幾何学模様
マジックテープは
ゴミが付きやすい
いかにも プラスチック食器な
柄と色づかい
小花のワンポイント
が余計な
シューズ

第6話
父とウー

ち～っす
何やってんの?
トイレ…
たてない… あし…
あ～ ちがう ちがう
腕の力 じゃなく
体重移動で 立つんだよ
立てた～
オッケ～
5分後
お～
い～
トイレ 終わった?
ズボン… おろして…
まだ そこ!?
トイレは まだまだ だな
オムツはいらんけど…
着替えも 一人じゃ難しい
びちょ
びちょ

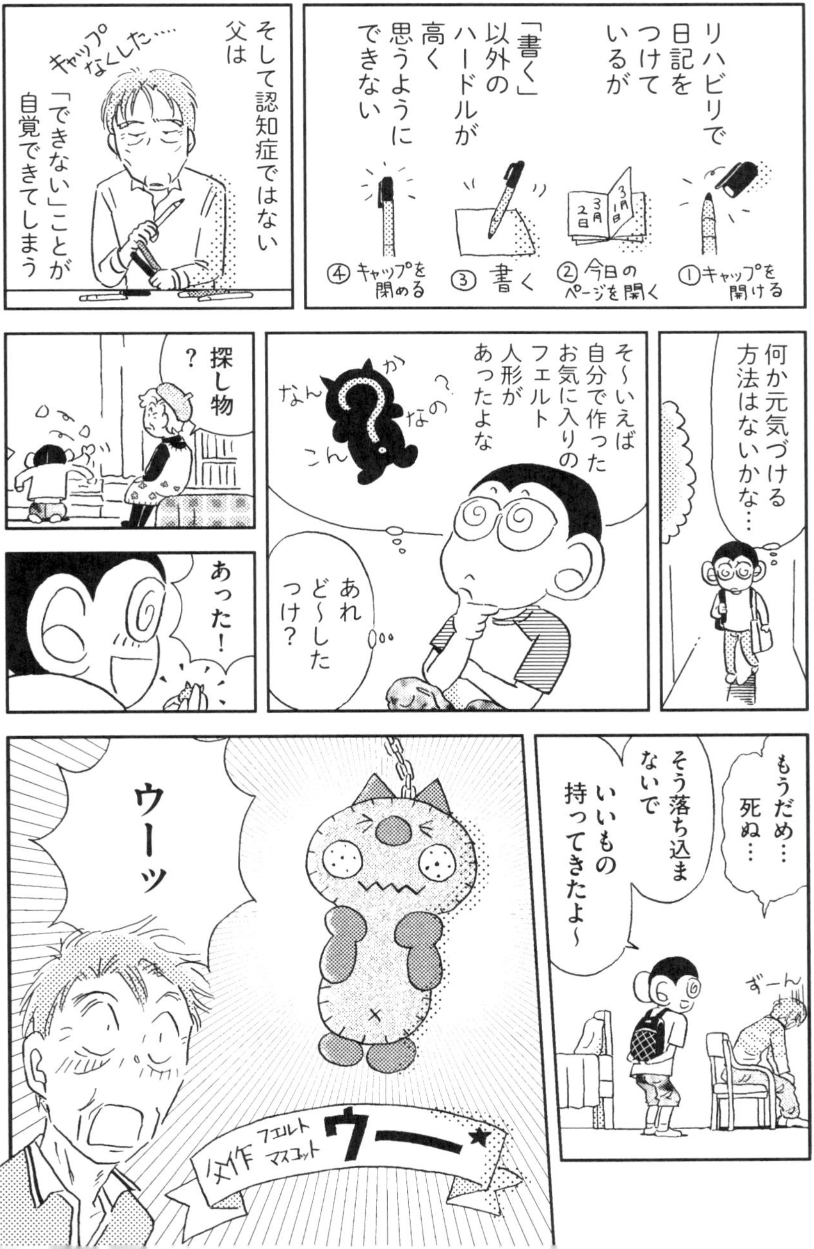
リハビリで日記をつけているが
「書く」以外のハードルが高く思うようにできない
①キャップを開ける
②今日のページを開く
③書く
④キャップを閉める
そして認知症ではない父は
「できない」ことが自覚できてしまう
キャップなくした…
何か元気づける方法はないかな…
そ～いえば自分で作ったお気に入りのフェルト人形があったよな
なんかこんなの?
あれど～したっけ?
探し物?
あった!
もうだめ…
死ぬ…
そう落ち込まないで
いいもの持ってきたよ～
ずーん
ウーッ
父作 フェルトマスコット ウー★

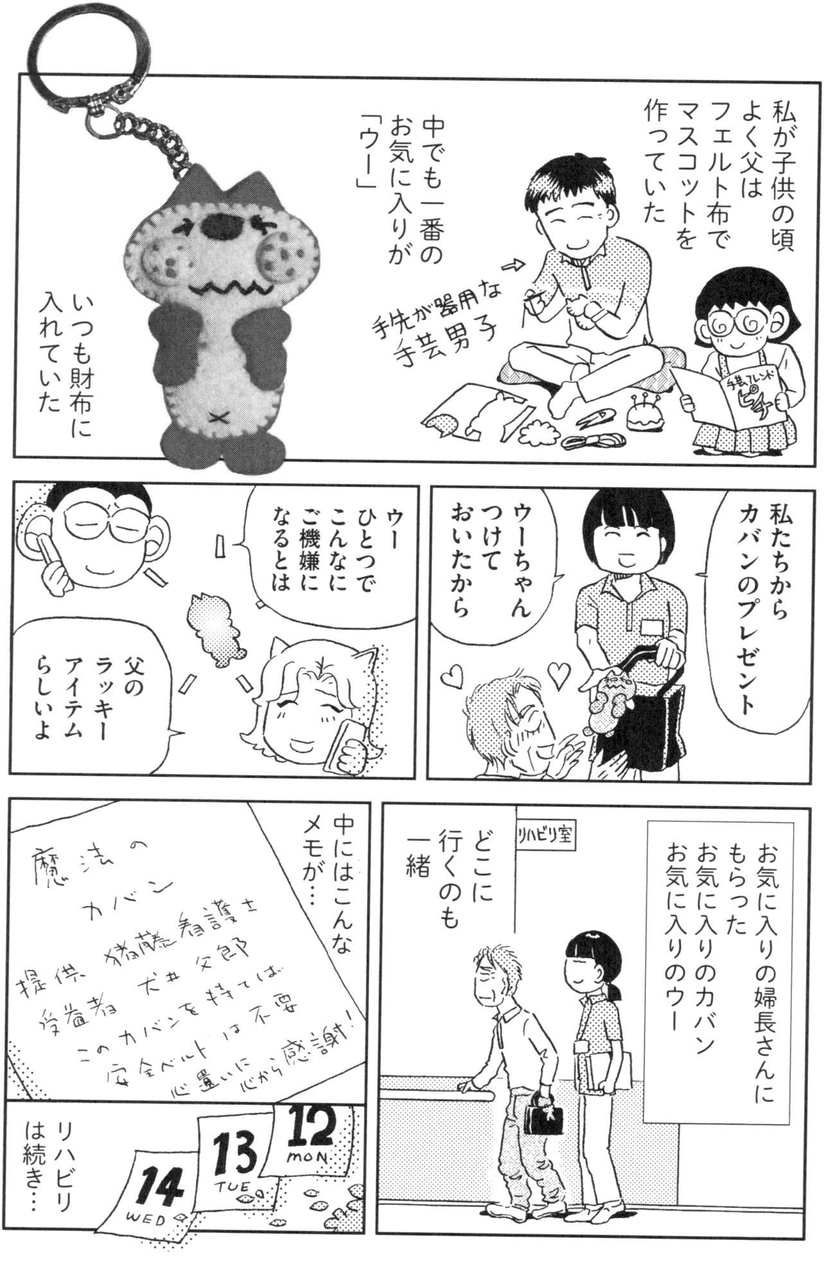
私が子供の頃 よく父は フェルト布で マスコットを 作っていた
中でも一番の お気に入りが 「ウー」
手先が器用な 手芸男子
手芸フレンド ピチ
いつも財布に 入れていた
私たちから カバンのプレゼント
ウーちゃん つけて おいたから
ウー ひとつで こんなに ご機嫌に なるとは
父の ラッキー アイテム らしいよ
お気に入りの婦長さんに もらった お気に入りのカバン お気に入りのウー
どこに 行くのも 一緒
リハビリ室
中にはこんな メモが…
魔法の カバン
提供 猪藤看護士
受益者 犬井 父郎
このカバンを持てば
安全ベルトは不要
心遣いに 心から感謝!
12 MON
13 TUE
14 WED
リハビリは続き…

お食事の席 元の場所に 戻りました
ひとりメシは 変わらずか～
しゃーないね
以前はココ
内弁慶な 父なりに 少しずつ 環境を 受け入れてきた
キライ
ガミガミ
オドオド
空気（他の患者さんたち）
スキ♡
けれども 入院から3か月
肉体的な回復《リハビリ》は そろそろ限界《リミット》
あとは この状態から 落とさないように するだけ
今後の介護方針に ついてですが
回復期 リハビリ病院は 最長でも6か月で 出なければならない
※症例による
ご家族としては どちらの意向を お持ちでしょうか
施設に入居（施設介護）
自宅復帰（在宅介護）

第7話
自宅復帰できる？ 自宅の確認

ONE POINT

【バリアフリー改修の補助制度】

超高齢社会を受けて、様々な補助制度が設けられています。

＜制度の一例＞

■高齢者住宅改修費用助成制度（バリアフリーリフォーム補助金制度）

介護保険による補助金制度。介護認定の要支援・要介護を対象に、本人が住んでいる住宅に手すりを付ける、洋式トイレへの便器交換など所定の工事を行う場合に、20万円を限度に工事費用の９割が支給されます。

■バリアフリーにかかる所得税減税の特別措置（国土交通省）

一定のバリアフリー改修工事を行った場合、改修後に居住を開始した年の所得税が一定額控除される減税処置です。

ついぞ父は自宅復帰できなかったので犬井家はこれ以上調べませんでしたが、ほかにもいろいろな補助制度があるようです（調べてね）。

築90年の犬井家
犬井
敷石
砂利
玄関
上がり框
三和土
台所
ぬかみそ
勝手口
男子便所
TOTO
朝顔型
あちこち段差だらけ!!
自宅復帰に向けて理学・作業療法士が自宅を来訪
有休
こんにちは～
玄関の段差が大きいですね～
築90年の木造家屋ですから
上がり框《かまち》
（昔の家では高さが30cmくらいあることも…）

トイレは廊下のつきあたり
男子の小便器がある
珍しい!!
ちょっと入り口が狭いかしら
ドアもスライドにしないと
細かな段差が多いですし
転倒が怖いですね
そうなんです 私は昼間は家にいませんし
何かあっても足の悪い母には父を助けることは難しいかと…
うーん…
——例えばですけど
日中お父様の部屋に鍵をかけておくことはできますか?
え? トイレにはどうやって??
そうですよね
あ
反対にトイレと自室だけ入れるようにするとか
はさみや包丁は鍵付きの引き出しにしまっておくとか…
自分の家なのに
あちこち鍵をかける
?

いやいやありえないよ～
自由に暮らせないなら
自宅に帰れても意味なくない？
もう一つ大事なこと忘れてた
自宅復帰ってことは日中はヘルパーさんを頼むことになるよね
それよ!!
内弁慶な性格の二人にとって
他人を自宅に上げるのはハードル高い
絶対うまくいかないよ～
姉妹で検討を重ねた結果
自宅復帰は当面おあずけという結論に至った―

第8話
老健施設の見学

もう少し身体的なリハビリを——これが我々の結論である
リハビリ病院の次って?
老健に行くのが普通らしい
ろうけん?
ヨボ
ヨボ…
「介護老人保健施設」原因となる病状は落ち着いたもののまだリハビリが必要な人が入る施設
よくわかる老健
いろいろあって全然わからん〜
老健
リハビリ病院
特養
老人ホーム
候補はA区内のソレイユか老健かえでだね
一件目「ソレイユ」
どーぞー
老健は公的機関なので入居金はありません
利用料金内訳※
※2016年時点
。介護度と負担割合に応じたサービス費
。生活費
食費/居住費
(+有料個室費)
。自費
日用品/娯楽費
理美容/医療費 など
→20万〜40万(月)

おむつ代はサービス費に含まれていて
タオルは一日250円です
テ…テレビは？
テレビ？ですか？
テレビカードを一枚1000円で販売しています
ダヨネ～
理学と作業療法のリハビリが週2～4回
ほかに体操の集団リハビリも行っています
日中は医師と看護師が常勤
夜間も看護師1名が対応に当たります
イスや食器がひまわりリハビリ病院と同じだね
系列だって言ってたよ

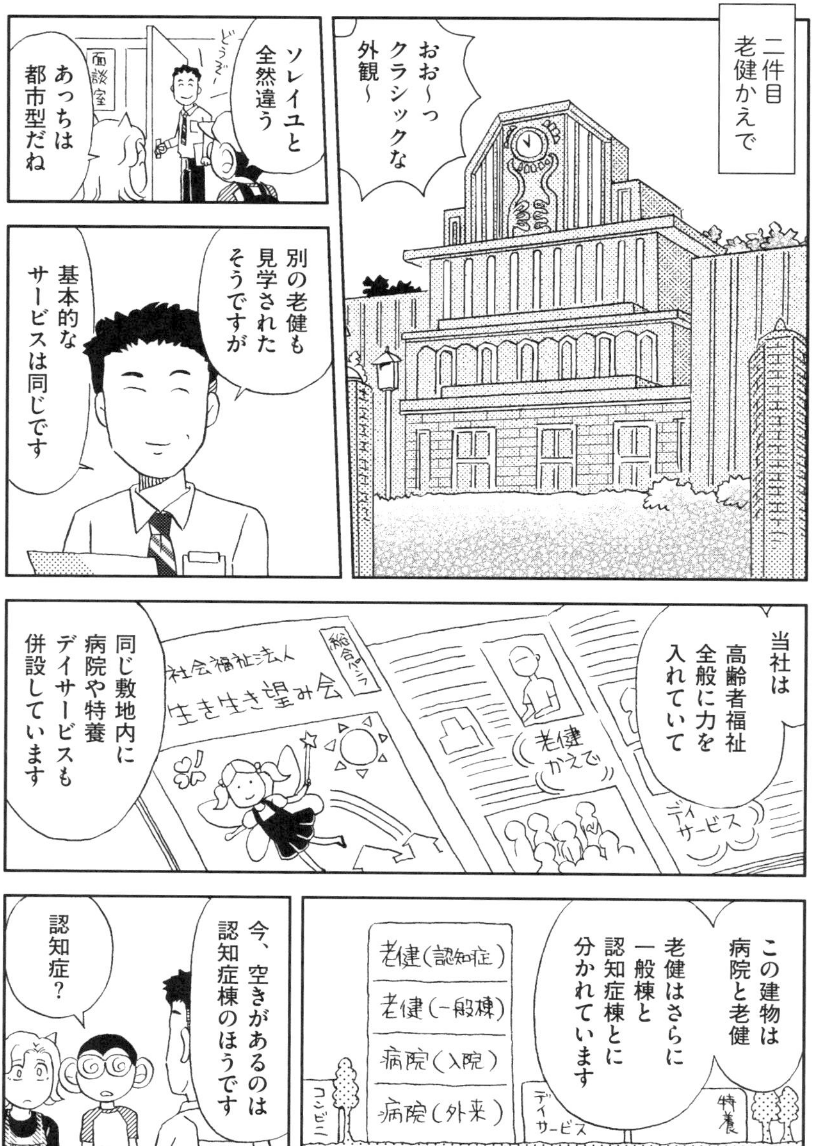

二件目
老健かえで
おお～っ クラシックな 外観～
面談室
どうぞ!
ソレイユと全然違う
あっちは都市型だね
別の老健も見学されたそうですが
基本的なサービスは同じです
当社は高齢者福祉全般に力を入れていて

同じ敷地内に病院や特養デイサービスも併設しています

社会福祉法人
生き生き望み会
老健かえで
デイサービス

この建物は病院と老健
老健はさらに一般棟と認知症棟とに分かれています
老健(認知症)
老健(一般棟)
病院(入院)
病院(外来)
コンビニ
デイサービス
特養
今、空きがあるのは認知症棟のほうです
認知症?

父は認知症じゃないんだけどな…
サービス面でどんな違いがありますか？
スタッフの数です
1人につき
〔一般棟〕
〔認知症棟〕
なるほど…
ミニ冷蔵庫は夏に有難い
ティッシュはここにストックね
机とテレビ…
あれっ？
テレビカード入れるところがないんですけど…？
個室のテレビにカードは要りません
えっ
つまり 見放題
月3万以上 かかってたTVが
0円《ダーター》

う〜ん
ど〜しよ〜
私は老健かえでの日当たりの良さが気に入った
栃尾揚げ
ネギのせ
わさび漬
SANTA
WHITE BELL
ソレイユは今と系列が同じで
日々の生活が想像できる安心感は捨てがたい
わさび
ただささ〜
食事のメニューも似てた
グルメな父はもう食べ飽きてるんじゃない?
犬井家はゴハン大事よ〜
ぱくぱく
あえて環境を買えてみるか〜
いいと思う
何といってもテレビがタダだし!!
やや安易な理由で「かえで」に決めた
——が、この選択がのちに犬井家の介護計画に大きく影響することになるとはこの時は知る由《よし》もなかった…

老健かえでへの移動が決まり
お礼の…おかし…
わたす…
かってきて…
病院は菓子折りは受け取れないよ
かう!!
かって!!
やだ
やだ
手紙!!
お礼の手紙書こ!!
スーン
それいいじゃん!!
リハビリの成果見せてあげようよ
父のお気に入りは
作業療法士の兎野さん
チラッ
チラチラ様子を見たり
ノートに名前を書きまくっていた
MANA
兎野まな
mana

やっぱり優しくて可愛い人が好きなのか～
そ～でもない
ちっちっ
二番目のお気に入りが
厳しくてハッキリ言ってくれる婦長の猪藤さん
ちゃんとやってくださいね!!
ビシッ!!
婦長 猪藤
誰かしらお気に入りの介護士さんを見つけるらしい
父
猪藤さん
鬼野さん
Bさん
鳥山さん
なるほど～
内弁慶な父が施設で暮らしていけるか心配だったが
キーッ!
オロ
オロ
介護のプロのみなさんのおかげで
あら～カッコイイポロシャツ
えっへん
なるほど褒めるのか
怒ってばっかりのムスメ
父は病院でのリハビリを頑張れたのだと思う

第9話
リハビリ病院を去る日

入院から5か月
リハビリ病院を去る日が来た
婦長さんにいただいたカバンは父が持つそうです
あら♪うれしい
ハンカチと手紙をありがとう
やっぱり手紙よかったね
何度も書き直したけどね

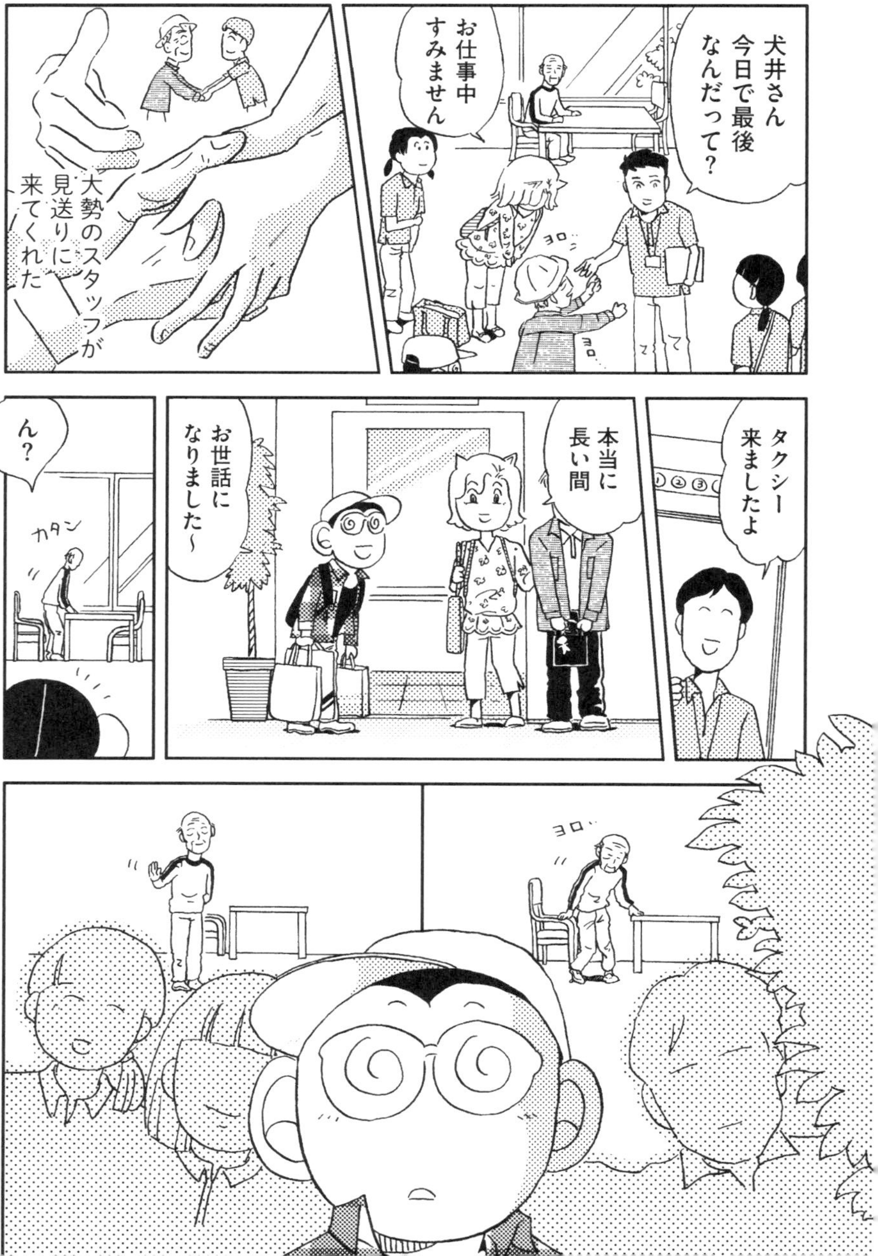
犬井さん今日で最後なんだって？
お仕事中すみません
ヨロ…
ヨロ…
大勢のスタッフが見送りに来てくれた
タクシー来ましたよ
本当に長い間
お世話になりました～
ん？
カタン
ヨロ…

行くよ〜
あ…うん
たぶん
父は一度も
話をしたことなど
ないだろう
名前も
知らない
患者さん
——ありがとう——

老健かえでまで
バタン
ハイ
さあ
新しい生活が始まるよ～

介護体験談
（サル心のつぶやき）

【低い椅子や便座は立ち上がりにくい！】

「高齢者には低いほうが座りやすいだろう」との配慮からなのでしょうが、公共施設の椅子には低いものが多いです。しかし、膝の悪い母に言わせると「低いほうが立ち上がりにくい」のだとか。人工関節が入っていて膝が曲がらないからだそうです。座ったら１人で立てなくなるという恐怖心もあり、「座りたくない」とも言っています。そのため、母と外出する時は、トイレや椅子の高さを見るようになりました。

最近は、「高いほうが座りやすく立ち上がりやすい」という認識になりつつあるのか、病院はもちろん、商業施設でも待合室の椅子やトイレの便座が高くなったという印象です。日本人の身長が伸びたこともあるかも。整形外科では、寄りかかるタイプの椅子（？）を見かけるようになりました。高齢者だけでなく、ケガで松葉杖が必要な人のニーズにも合っているのでしょう。

改修費がかかるため、自宅でも介護施設でも高さが十分ではない洋式便座はまだまだ見られます。そんな時は手軽に嵩《かさ》上げができる「補高便座」（137ページ）がおススメです。

【ひとりで歩きたい ～家具の配置の見直し】

介護体験談
（サル心のつぶやき）

父がリハビリ病院に入院中のある日のこと。壁際に置いてあったキャビネットが、部屋の真ん中に移動していました。その頃父は、手すりや壁を使ってつたい歩きができるようになっていました。しかし、部屋の真ん中にはつかまるところがなく、ドアまで歩くのが不安だったようで、介護士さんが家具を移動してくれたのだとか。軽い家具では体を支えきれずに一緒に転倒してしまう危険もありますが、重量のあるテーブルや箱物家具であれば、手すり代わりになります。

動線上につかまるところを用意してあげるだけで、一人で安全に歩けます。自分の行きたい場所に好きなタイミングで歩いていきたい、そんな当たり前の感情があることに気づかされた出来事でした。

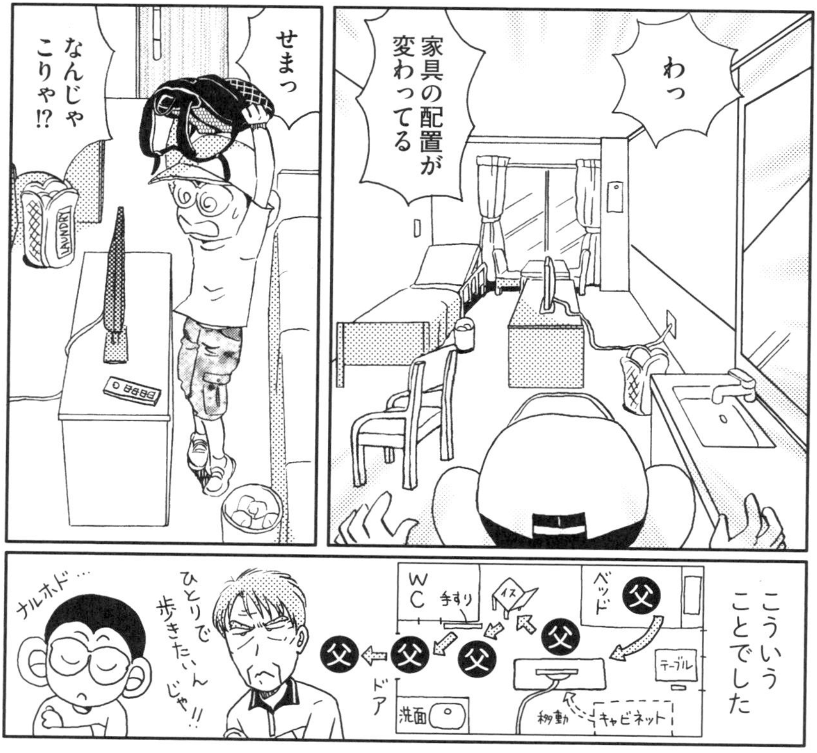

第3章

2016年7月〜11月

老健施設（父）編

第3章あらすじ

老健施設ってどんなところ？

正式名称は「介護老人保健施設」。急性期の治療を終え、症状が安定した患者さんが自宅復帰を目的に利用する中間的医療施設です。

理学療法などのリハビリを行い、機能が回復すれば自宅へ戻ることができます。入居期間は原則3か月～6か月ですが、入居期間を過ぎても自宅復帰が難しい場合、ほかの介護施設（老人ホームや高齢者向け住宅）などへ移動することになります。もしくは別の老健に移動することで、老健に入居し続ける方法もあります。

短期間での施設の移動は、適応力の落ちた要介護者には負担になりがちですが、老健は入居一時金が不要なので、介護する側の金銭的負担が軽くなるというメリットもあります。

老健が提供する介護サービスには介護保険が適用されます。基本的には、どの老健でも受けられるサービスは同じですが、施設によっては言語療法士が不在で言語リハビリができなかったり、テレビが有料（テレビカード利用）だったりと、細かい部分で多少の違いはあるようです。

2016年7月時点のデータ

■父郎（81歳）
居住地：リハビリ病院→老健
介護度：要介護5→要介護2／高次脳機能障害あり

■母子（84歳）
居住地：自宅
介護度：要支援2／歩行カート使用

第1話
老健「かえで」

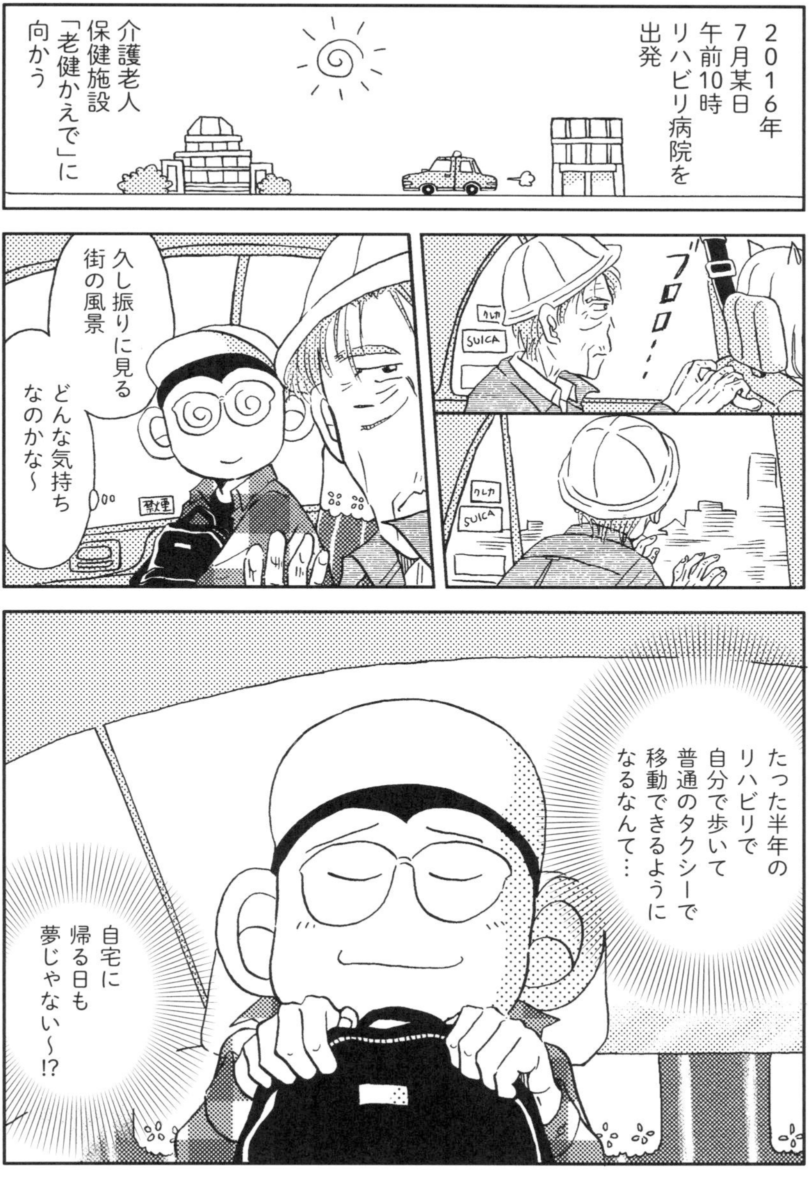

2016年 7月某日 午前10時 リハビリ病院を 出発
介護老人 保健施設 「老健かえで」に 向かう
ブロロ・・・
クレカ
SUICA
久し振りに見る 街の風景
どんな気持ち なのかな～
たった半年の リハビリで 自分で歩いて 普通のタクシーで 移動できるように なるなんて…
自宅に 帰る日も 夢じゃない～!?

ようこそ犬井さん
お部屋は4階「もみじ」のフロアです
認知症棟
もみじ
401～425
※コロナ前(2016年)です
入室の際は受付で訪問カードのご記入と
うがい手洗いをしていただき
スタッフに声掛けください
ガラガラ
ピピッ
どうぞ～
ガード固っ!!
ガーッ
えーっと
あちらにいるのが
介護士の桃見です
ピンクレディー
UFO
めっちゃピンクレディーのケイちゃんに似てる
お部屋の準備は
できてる?
あと少し…
では父郎さんには昼食をとっていただいて
その間に手続きをすませましょう
ヨロシク
わかった

ご飯おいしい？
ここは食事の評判がいいのも決め手になったんだよ
父を認知症病棟に入れるのはちょっと不安だったけど
特別変わったカンジはしないかな？
ピピピピ
わっ
なんだ？なんだ？
ピピーッ
ピピッ
7月△日
<昼食>
・チキントマト
・かぼちゃ煮
・きのこ
どうされましたか？
○○さんトイレ？
椅子から立ち上がると音が鳴るようになってるんだ
センサーマット
ナルホド…
スタッフがすぐ駆けつけてくれるから安心だね～
ピピピ
連鎖反応
う～ん次々と…
トイレ～
トイレですね
WC
トイレー
あっちでもこっちでも

えっ？
わしっ
えーーっ
もしゃ もしゃ もっしゃ
…
ぐる ぐる
七夕まつり
お待たせしました お部屋へどうぞ
どーもー
じーーっ
あっ こんにちは 今日入居した 犬井で…
スタ スタ スタ
ちょちょ ちょ〜っ
はーい 自分のお部屋に 戻りましょうねー
412
——なるほど
これが認知症棟か…

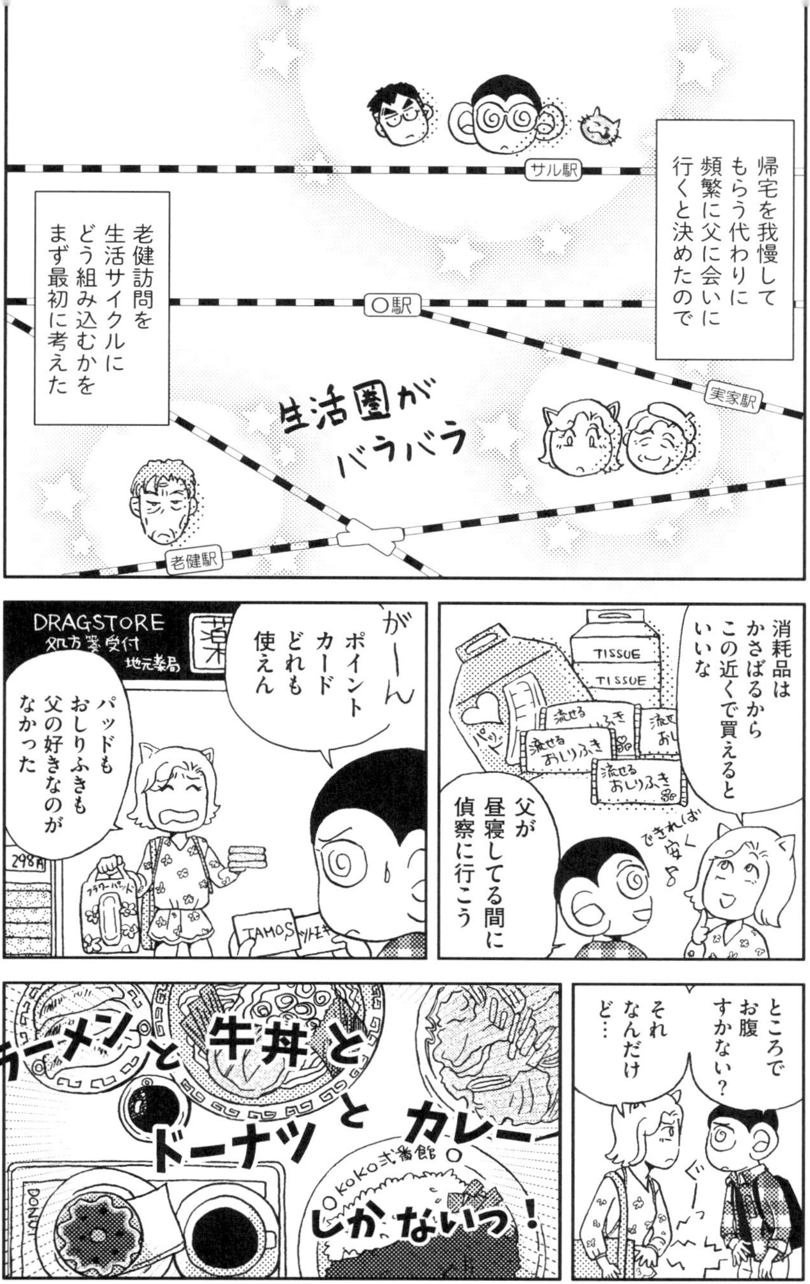

帰宅を我慢してもらう代わりに頻繁に父に会いに行くと決めたので
老健訪問を生活サイクルにどう組み込むかをまず最初に考えた
サル駅
○駅
実家駅
老健駅
生活圏がバラバラ
消耗品はかさばるからこの近くで買えるといいいな
できれば安く
父が昼寝してる間に偵察に行こう
TISSUE
TISSUE
流せるおしりふき
がーん
ポイントカードどれも使えん
パッドもおしりふきも父の好きなのがなかった
DRAGSTORE
処方箋受付
地元薬局
298円
TAMOS
ところでお腹すかない？
それなんだけど…
ラーメンと牛丼とドーナツとカレーしかないっ！
KOKO弐番館

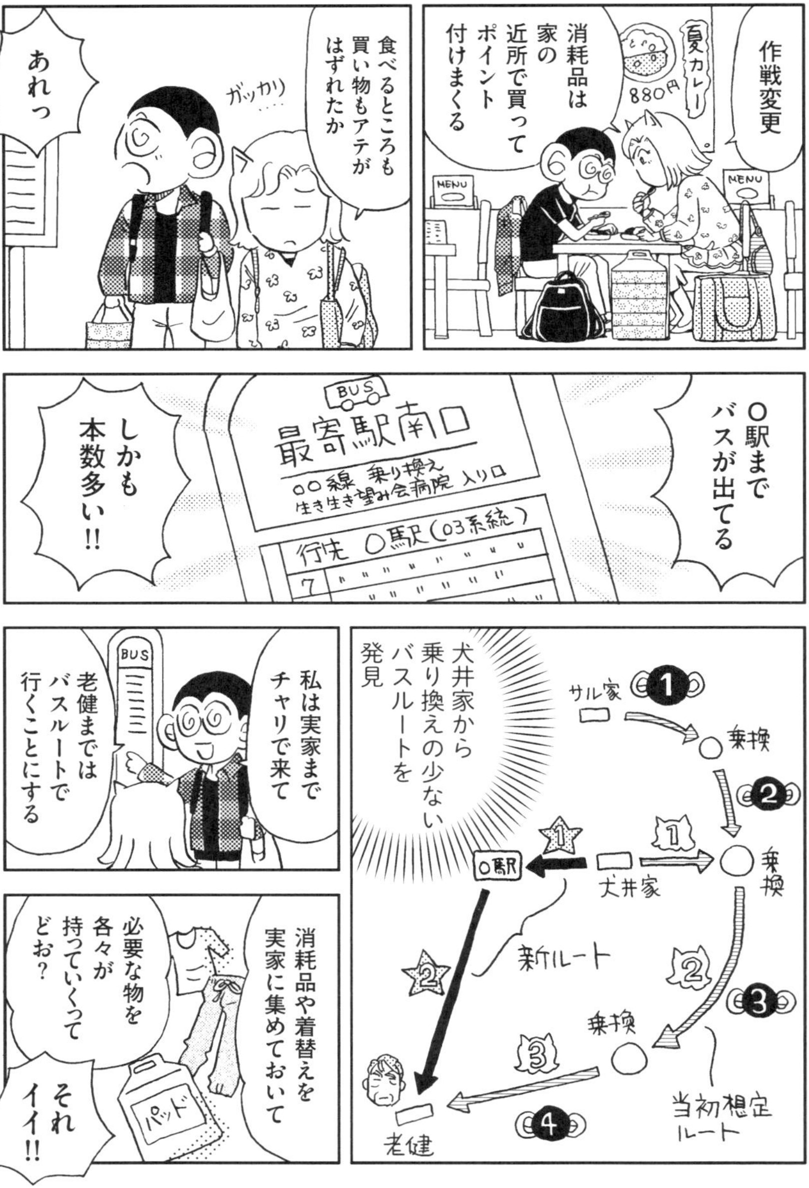
作戦変更
夏カレー 880円
消耗品は家の近所で買ってポイント付けまくる
MENU
食べるところも買い物もアテがはずれたか
ガッカリ……
あれっ
○駅までバスが出てる
BUS
最寄駅南口
○○線 乗り換え
生き生き望み会病院 入り口
行先 ○駅(03系統)
しかも本数多い!!
犬井家から乗り換えの少ないバスルートを発見
サル家
乗換
犬井家
○駅
新ルート
当初想定ルート
老健
私は実家までチャリで来て
老健まではバスルートで行くことにする
消耗品や着替えを実家に集めておいて
必要な物を各々が持っていくってどお?
パッド
それイイ!!

キヒヒヒ・・
サル的にはこの〇駅のポイントが高くて
な何!?
まだあんの?
〇駅
地味な駅ながら駅ビルが充実してるし
家具
SALE
〇駅 STATION
商店街
商店街には地元ならではの庶民的居酒屋が軒を連ねてる
つまり
2人で老健に行った帰りにはちょっと一杯できちゃうの〜
もちろんその日は実家に泊めてね♡
キャーーッ
スッテキ〜
無理せず楽しく割り切って…
こうして犬井家の老健生活が始まった…

第２話
老健「かえで」での生活

老健と リハビリ病院の 大きな違いは リハビリの回数
リハビリ病院の ように 毎日かつ 一日に何度も というわけには いかない
せめて レクリエーション とかないのかな
あるけど 身体を動かす ものは少ない みたいで
としよりの レクは くだらない
おれは やらない!!
手をブラブラ させましょう
だって
認知症棟だし 仕方ないか ……
せっかく 伝い歩きができるまで 回復したのに
今の状態から 落としたくないな
そうだ! 私たちが行った時に リハビリを やってあげれば いいんだ
パズルや ナンプレなら 一緒にできそう

目的は脳トレだから
正解に辿《たど》りつけなくてもいいんだよな
クイズ
ナンプレ
Book
カンニング大作戦!!
解けないとやらなくなりそうだから
ページをめくったら答えが載っているのにしよう
ナンプレ
問5
中級
問題
答え
首の長い動物は?
きりん
書くのが苦手になったので
父に考えさせて答えは娘が書くなどやり方を工夫した
介護用ジグソーパズルは難しそうに見えて
○○をさがせ!!
犬井さんスゴ〜イ!!
えーっ
こんな細かいのを一人で完成させたの!?
40ピース
実はピースはでっかい
花.動物.
風景
SHOPPING
介護パズル
ただワクワクする絵柄が少ないんだよな〜
はめたピースがはずれにくいのでピースの形状は
雲形
より
が
おススメです

いつも足をひきずって歩いてる
転びそうで怖いな…
—と思っていたところ
リハビリシューズを試してみましょう
マジックテープ
やわらかい布製
シューフィッターさん
靴
くつ
これが大正解!!
病気で足がむくんでサイズが変わってたんだね
家ではいていたスニーカー
リハビリシューズ
幅広
歩きやすい?
ニコニコ
よかった~
まったく気付いていませんでした(反省)
あれ?父ちゃんだ
もみじ
リハビリに行く時間かな?
お二人が来られるのを朝からずっとお待ちだったんですよ
まちくたびれた
ゴメーン
まいにちフロアをぐるっと歩くんだ
父
柱
柱
食堂→
カウンター
入り口
頑張ってるじゃん!!

私は有給休暇を充てましたが
こういう時に使える制度に介護休暇があります

ONE POINT

【介護休暇とは】

2009年創設。要介護状態にある家族に対応するための休暇で、家族一人につき年５日間まで時間単位で取得可能。

介護が目的であれば、手続きのために役所に行くなど、様々な用件に利用することができる。

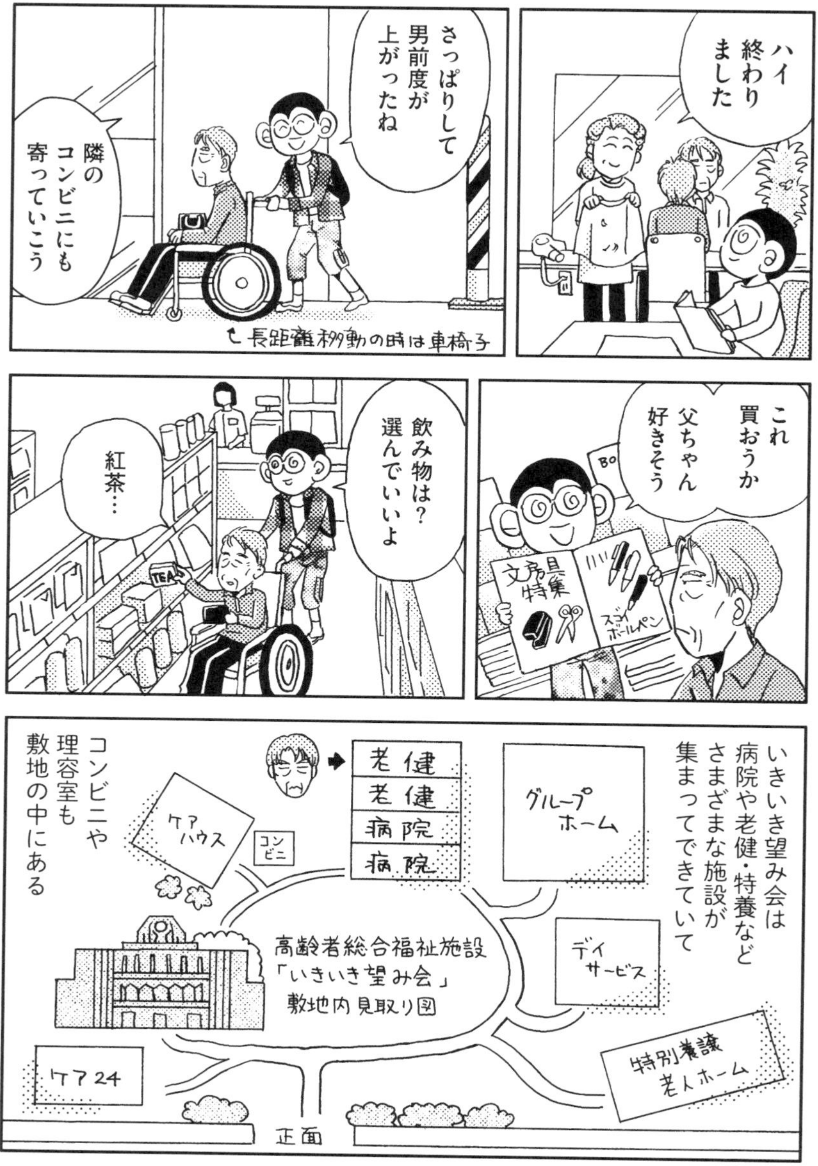

ハイ 終わりました
さっぱりして男前度が上がったね
隣のコンビニにも寄っていこう
↑長距離移動の時は車椅子
これ買おうか 父ちゃん好きそう
BO
文房具特集
スゴイボールペン
飲み物は？選んでいいよ
紅茶…
TEA
いきいき望み会は病院や老健・特養などさまざまな施設が集まってできていて
コンビニや理容室も敷地の中にある
老健
老健
病院
病院
グループホーム
ケアハウス
コンビニ
高齢者総合福祉施設「いきいき望み会」敷地内見取り図
デイサービス
ケア24
特別養護老人ホーム
正面

敷地内なら家族の付き添いだけで歩けるのはいいね
みんな忙しそう…
おむつ
自分たちのペースで気軽に散策ができる
ピピ…
TEA
満足した？
じゃあ部屋に戻ろうか
月に一度は母も交えて家族団欒《だんらん》
通称アイス会
アイス食べたらマッサージしてあげる
苦労もあったが
振り返ってみるとこの頃の父が身体的・精神的に一番落ち着いていたと思う

第3話
母の訪問

周りは認知症の患者さん
むしゃむしゃ
あ〜
ぐるぐる
俺はまだまだしっかりしてる!!
——と思ったのかもしれない
だが同じ頃——
こんな時間にどしたん?
母がダメモード
ちょっと口論になっちゃって興奮してたんで薬飲ませて寝かせた
えっ!?
実は時々かんしゃくを抑える薬を飲んでる
突然一人でデパートに買い物に行って帰って来なくて父が迎えに行ったこともあった
え〜っ
同居の家族だけが知っている事実
抑え役の父が倒れて不安になったのか
母の躁鬱《そううつ》がひどくなった

ねえ母ちゃん
父ちゃんの部屋に行く前に
ちょっとだけ話をしてもいいかな？
いきいき望み会店
convenie
何よ？あらたまって
あのね…
一人で勝手に外出しないでほしいんだ
え？どうして？
付き添いの父ちゃんがいなくなって危ないでしょ
だから…
どうして出かけちゃいけないの？
姉ちゃんは心配してくれてるんだよ
出かける時はどっちかが一緒に…
アタシを閉じ込めておくつもり!?
父ちゃんみたいに!!
そんなつもりは…
イヤよ!!
お断りだわ!!

転んだら どうするのって 言ったわね
放っておけば いいじゃない
それで死んだら それでもいい
アタシはあの家で ひっそり 死ぬんだから
父ちゃん みたいに おとなしく 施設なんかに
絶対に 入らない からね!!
ザーッ
母の施設への 拒絶反応は ものすごく
しばらくは この話題には 触れないよう にしようと 思っていた
――このことが あってすぐ 実家の隣に住む 叔母から
珍しいな なんだろ?
父の妹
PIPIPI
母子さんが玄関で転んで 動けなくなり 救急車でI病院に搬送 されました
妹子
これからレントゲン 撮るそう
ええっ!?

第4章
2016年11月～2017年3月

老健施設(両親)編

第４章あらすじ

父と母が同じ施設の違う病棟に

自宅の玄関先で転倒し大腿骨を骨折した母。もともと膝が悪く歩行カートを使っていたので、リハビリの目標は「歩行カートで歩ける状態に戻ること」です。

最初に姉が探した回復期リハビリ病院は、母と姉が住む家からも、私の自宅からも、そして何より父が入居している老健からも遠い！　最低でも週１回の面会を施設介護の方針に据えていた姉妹にとって、母と父の両方の面会は難しい。

――と思っていたら、父の老健と同じ建物内にもあったのです。リハビリ病棟が！

老健かえでを選んだ決め手は、「ご飯が美味しい」「テレビが見放題」だったのですが、その選択が後々役に立つとは思ってもいませんでした。各種介護施設は個別に建てられるのが一般的ですが、父が入居した老健にはリハビリ病院のほか、特養やデイサービスも併設されており、ある種コミュニティが形成されていました。両親が同時期に別の介護が必要になるのは珍しいことではなく、その時、同じ敷地に病院や異なる介護施設があるのは大変ありがたいことです。

ここにはコンビニもありました。要介護者でも上げ膳据え膳の生活は退屈でしょうし、体力の低下も心配です。施設外に出るのは危険ですが、敷地内であれば安全に楽しく生活できるんじゃないのかな、と個人的には思いました。もちろん認知症の有無などその人の介護状態にもよりますが。

2016年11月時点のデータ

■父郎（81歳）
居住地：老健施設
介護度：要介護２／高次脳機能障害あり

■母子（84歳）
居住地：自宅→大学病院→回復期リハビリテーション病院
介護度：要支援２／大腿骨転子部骨折

第1話
母、骨折し大学病院へ

母は大学病院に運ばれそのまま入院した
「大腿骨転子部骨折」
足腰が弱くなった高齢者に多い脚の骨折である
骨盤
大腿骨
転子部
頸部
イタイイタイ
なじみの工務店の人が来ていて
ギャー
お見送りをしようとして玄関先で転んだらしい
わあっ!!
だから母を一人にしておけないいんだよ
妹子おばさんと工務店さんにはよ~くお礼言っとくわ
入院のしおり
手術は明日朝8時から
はやっ
仕事より早いわ
BEER
BEER
しばらく父のところは私が行くよ
じゃあこれ頼むね
TISSUE
パッド
どっさり
いきなり両親二人が要介護状態に

I大学病院
母ちゃん元気〜？
サルちゃんよく来てくれたわ〜
骨はきれいにくっついていて1か月くらいで退院できるって
ベッド生活は不自由でしょ
いるものある？買ってくるよ
う〜ん
別にないかな
移動販売で何でも買えるのよ
ゼリー
プリン
ナニあれ!?
全然おとなしくしてないじゃん!!
ちっちっ
それだけじゃないんだな
母のやらかし①貴重品BOXの鍵紛失
鍵がない!?
昨日買い物してたよね
でもないんだも〜ん
※後日ベッドのすき間から発見されました

母のやらかし②
同室の患者さんといざこざ
お隣の面会客がうるさかったらしく
机を叩いて抗議
バン
バン
…ということがあったらしい
ひたすら謝ったよ
そろそろリハビリ病院に転院なのに大丈夫かな～
姉がA区内にあるリハビリ病院２か所を見学
Fリハビリ病院
Gリハビリ病院
Gリハビリ
どっちもかなり古い
中身は大差ないかな
リハビリテーション病院
回復期リハビリテーション
父の訪問もあるから行きやすいほうがいいよね
うへー
老健かえでとハシゴか～
かえでには会社帰りに寄るとして
ん!?
まてよ!?
いきいき望み会にもリハビリ病院があるじゃん!!
ピキーン

当施設では高齢者福祉に力を入れていて
敷地内には病院も併設されています
って言ってたやんけ〜!!
階は違っても同じ施設内なら移動が楽じゃん!!
灯台下暗し
老健(認知症)
老健(一般棟)
病院(入院)
病院(外来)
コンビニ
デイサービス
さっそく聞いてみた受け入れオッケ〜
おおっ
いきいき
ただし空いているのは1万3000円の個室
1万3000円
おおっ
相部屋でやらかしたから個室でいいよ
移動時間と交通費とストレス軽減を金で買う!!
もってけ
ドロボー
10000

第2話
母、父と同じ施設のリハビリ病棟へ転院

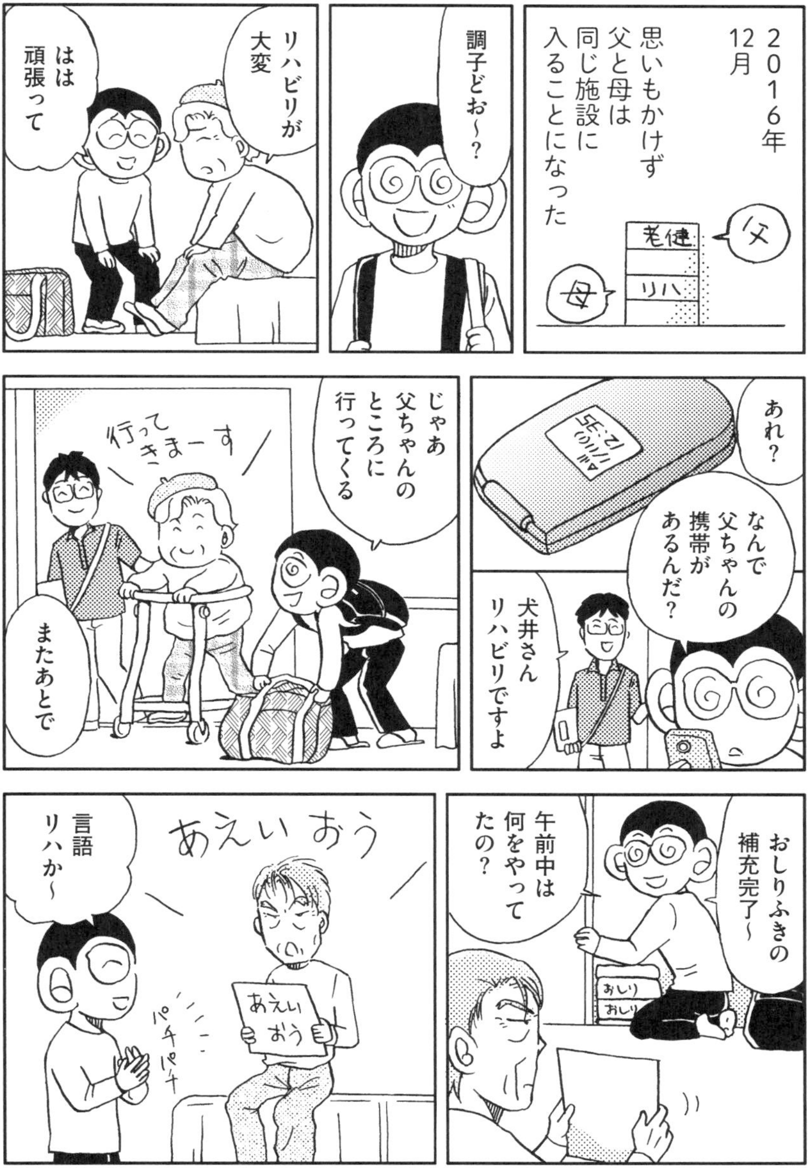

2016年12月
思いもかけず父と母は同じ施設に入ることになった
父
老健
リハ
母
調子どお～?
リハビリが大変
はは頑張って
あれ?
なんで父ちゃんの携帯があるんだ?
犬井さんリハビリですよ
じゃあ父ちゃんのところに行ってくる
行ってきまーす
またあとで
おしりふきの補充完了～
午前中は何をやってたの?
おしり
おしり
あえいおう
言語リハか～
あえいおう
パチパチ

そういえば母が携帯持ってたけどいいの？
渡した…
えっ
母ちゃん動けないから
俺はいらない
だってさ
なんとまあ
あの携帯依存の父ちゃんが自ら手放すとは
ムスメがいくら言ってもダメだったのに…
なんかショック…
ーでその「母が一番」のお父様ですけど
母が会いに来ないとぼやいてました
ブーブー
ま〜た甘えたことを!!
病院の都合もあるしリハビリで忙しいからって言っといた
そうそうはムリでしょ〜

――と納得したのは娘だけで
どうして自由に夫のところに行っちゃいけないの?
いつもいつも忙しいって!!
アタシは妻ですよ!!
父の部屋に行く行かないで大モメ
母が不満を言うもんだから父までも会わせろって言い出すし
ブースカ×2
何とかしてさしあげたいんですけど
あちらのリハの時間もありますので老健側の希望だけでは決められないんです
――とはいえご夫婦ですしお気持ちはわかります
面会できるようリハ棟と調整します
ありがとうございます

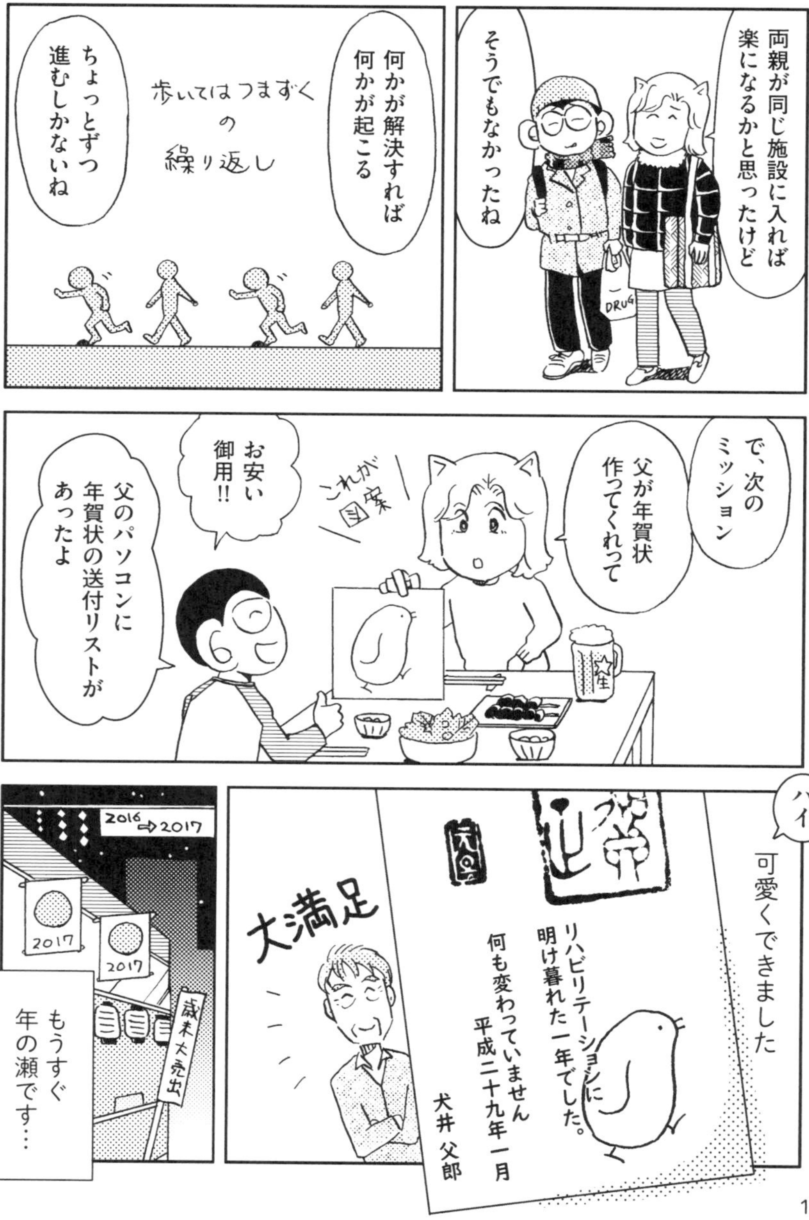
両親が同じ施設に入れば楽になるかと思ったけど
そうでもなかったね
DRUG
何かが解決すれば何かが起こる
歩いてはつまずくの繰り返し
ちょっとずつ進むしかないね
で、次のミッション
父が年賀状作ってくれって
これが図案
お安い御用!!
父のパソコンに年賀状の送付リストがあったよ
生
ハイ
可愛くできました
リハビリテーションに明け暮れた一年でした。
何も変わっていません
平成二十九年一月
犬井 父郎
大満足
2016→2017
2017
2017
歳末大売出
もうすぐ年の瀬です…

父ちゃんが倒れて もうすぐ一年か
今年はデパ地下 おせち頼もう
これ どう？
イイね
犬井家のおせちと 言えば黒豆だからね
福
黒豆屋〈二段重〉42,120円(税込)
ちょっと 贅沢だけど
5人分なら 妥当じゃない？
4
3
2
5
1
さっそく注文
ハイ 4万円の 黒豆おせちを お願いします
おせち カタログ
ゴメンね 大みそかまで 仕事で
今晩は姉ちゃんと 二人で過ごすから 明日の朝 ウチの実家まで 来てくれる？
それから 施設に行って 家族でお正月やろう
了解
NHK 紅白歌合戦 第××回
や〜今年も 終わった 終わった

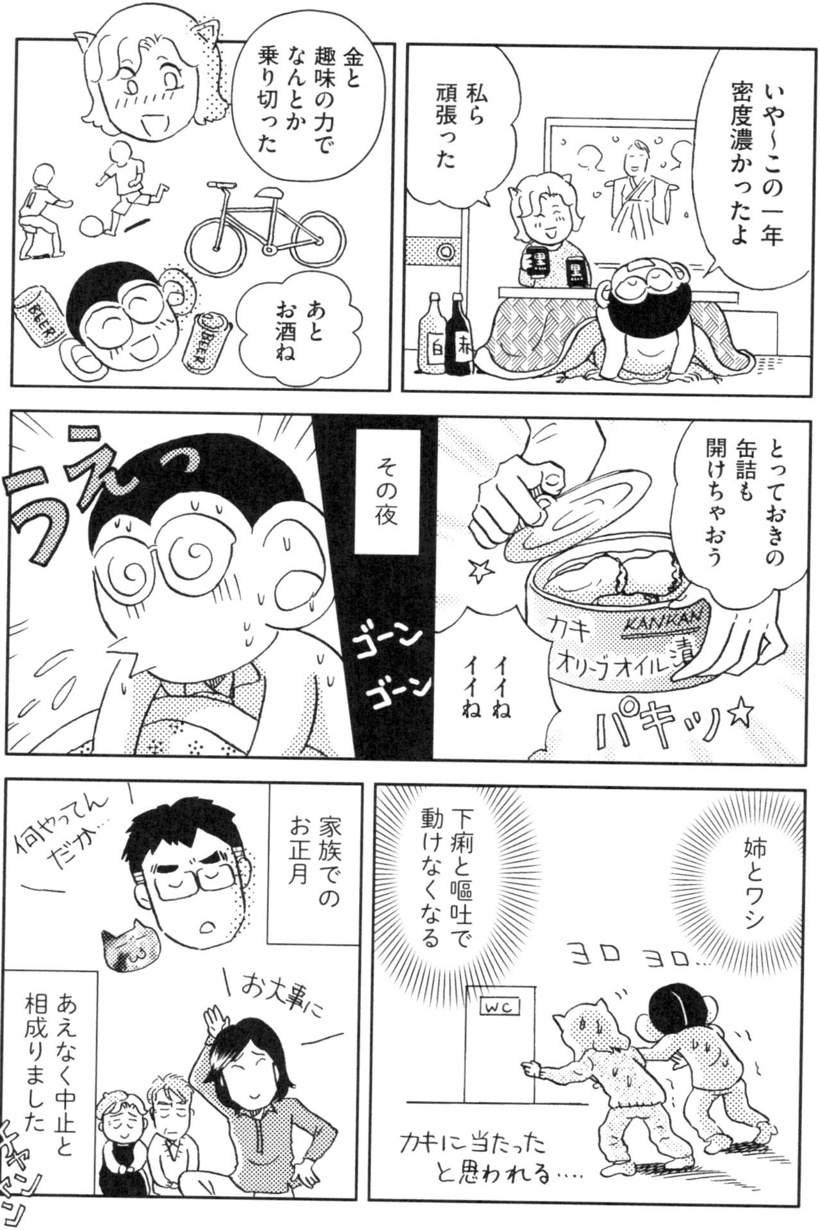
いや～この一年密度濃かったよ
私ら頑張った
金と趣味の力でなんとか乗り切った
あとお酒ね
BEER
BEER
とっておきの缶詰も開けちゃおう
カキ
KANKAN
オリーブオイル漬
イイね イイね
パキッ☆
その夜
ゴーン ゴーン
うえっ
姉とワシ
下痢と嘔吐で動けなくなる
ヨロ ヨロ…
WC
カキに当たったと思われる….
家族でのお正月
何やってんだか…
お大事に
あえなく中止と相成りました
チャンチャン

第3話
要介護2と要支援2が入れる施設って？

※介護度は定期的に見直しアリ

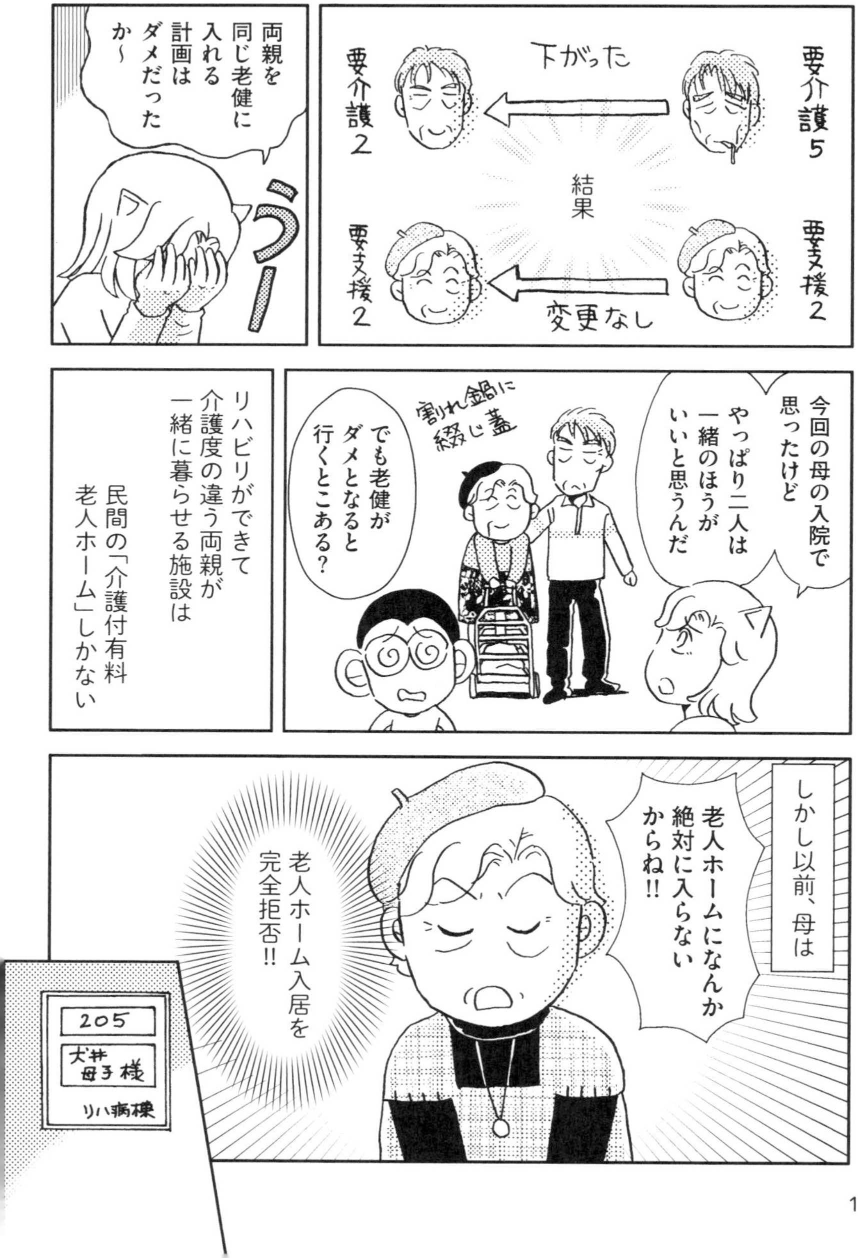
要介護5
下がった
要介護2
要支援2
変更なし
要支援2
結果
両親を同じ老健に入れる計画はダメだったか～
うー
今回の母の入院で思ったけど
やっぱり二人は一緒のほうがいいと思うんだ
割れ鍋に綴じ蓋
でも老健がダメとなると行くとこある？
リハビリができて介護度の違う両親が一緒に暮らせる施設は
民間の「介護付有料老人ホーム」しかない
しかし以前、母は
老人ホームになんか絶対に入らないからね!!
老人ホーム入居を完全拒否!!
205
犬井 母子様
リハ病棟

老人ホーム？
入ってもいいわよ
え？
二人で老人ホームもいいかなと思って
資料を取り寄せたの
え？
ご飯は出てくるし掃除も洗濯もしなくていいし
施設も悪くないわ
え？え？
アタシん家じゃない
父ちゃんみたいにあの家に思い入れがあるわけじゃないし
母ちゃん…もう一度聞くけど
老人ホームに…
だから入ってもいいわよ
え～っ
まさかの急展開!!
介護付有料老人ホーム入居の選択肢が一気に浮上した

第4話
介護付有料老人ホームを探せ

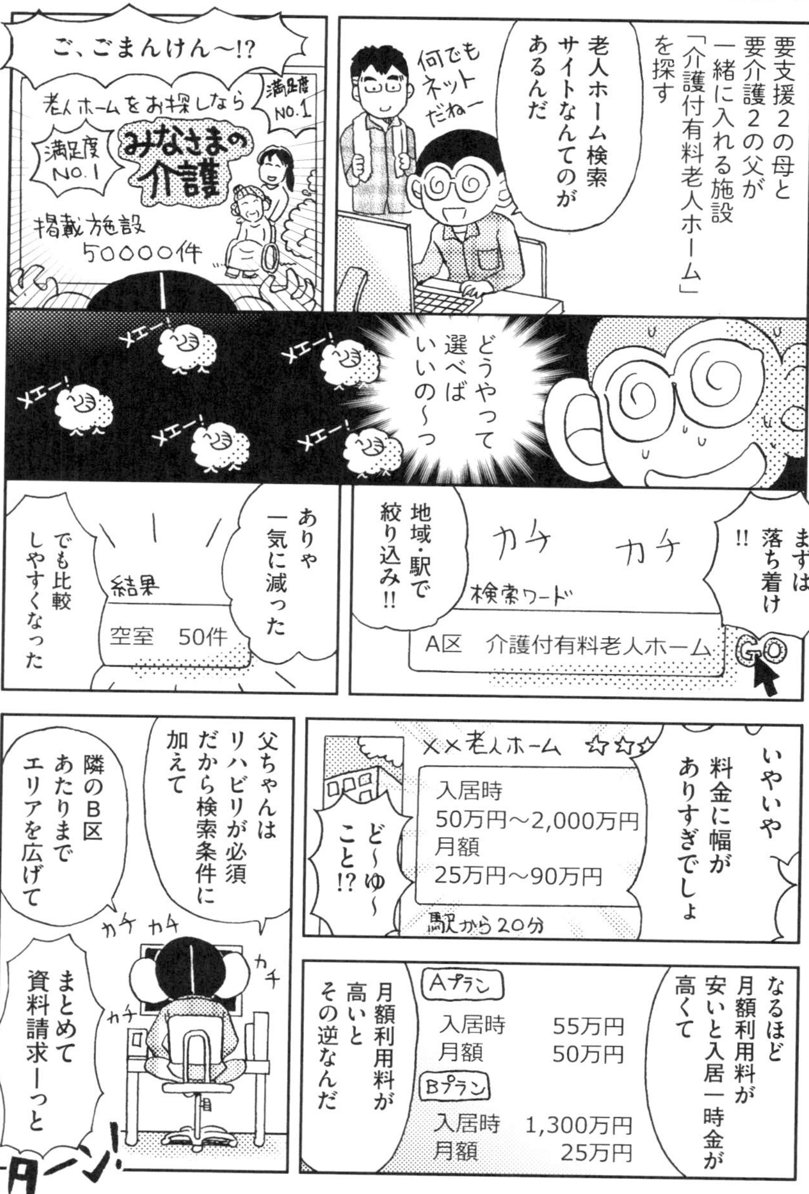

要支援2の母と要介護2の父が一緒に入れる施設「介護付有料老人ホーム」を探す
老人ホーム検索サイトなんてのがあるんだ
何でもネットだねー
ご、ごまんけん〜!?
老人ホームをお探しなら
満足度No.1
満足度No.1
みなさまの介護
掲載施設 50000件
どうやって選べばいいの〜っ
メエー!
メエー!
メエー!
メエー!
メエー!
まずは落ち着け!!
地域・駅で絞り込み!!
カチ カチ
検索ワード
A区 介護付有料老人ホーム
GO
ありゃ一気に減った
でも比較しやすくなった
結果
空室 50件
いやいや料金に幅がありすぎでしょ
××老人ホーム ☆☆☆
入居時
50万円〜2,000万円
月額
25万円〜90万円
駅から20分
ど〜ゆ〜こと!?
父ちゃんはリハビリが必須だから検索条件に加えて
隣のB区あたりまでエリアを広げて
カチ カチ
カチ
カチ
まとめて資料請求ーっと
ターン!
なるほど月額利用料が安いと入居一時金が高くて
月額利用料が高いとその逆なんだ
Aプラン
入居時 55万円
月額 50万円
Bプラン
入居時 1,300万円
月額 25万円

【介護付有料老人ホームの探し方】 **ONE POINT**

介護付有料老人ホームは、全国どこにある施設に入っても構いません。選択肢が広がるため、選ぶのが難しいともいえます。そこで、インターネットの「老人ホーム検索サイト」を利用するのがお勧めです。複数の施設が比較検討できるうえに、気になった施設の詳しい資料を一括請求することもできます。

立地、認知症や持病の有無、リハビリの充実度など、キーワードを入力して絞り込みます。

気になる費用ですが、料金形態は二つに大別されます。

①入居一時金が発生するが月額賃料が安め
　→ 最初にまとまったお金が必要。施設よっては「億」もあり得る。

②入居一時金は発生しないが月額賃料が高め
　→ 年金など入居する人の毎月の収入に見合った金額に抑えるのが良い。

候補を絞り込んだら、詳しい資料を取り寄せます。さらに施設を見学して、雰囲気なども確かめましょう。

B区
「やすらぎの街」
駅から近い!!
サルん家からも近い!!
チャリで30分位
床がじゅうたんだ
元々は社員寮だったんです
松葉と同じ異業種転換だけど
ここはトイレがちゃんと部屋にある
経営母体は病院です
創設者が親の介護経験者で
高齢化が進む中介護施設が必要だと考えて老人ホームを始めました
じゅうたんだし椅子も籐で昭和っぽいテイストだね
全体にゆるっとしてる印象だった
気になったのはトイレの仕切りがカーテン
スライドドアじゃなかった?
うんカーテン
臭いに敏感な父ちゃんが気にならないかな…
……
消臭
消臭

A区「グロリア」
当老人ホームの特徴は
介護型のほかに自立生活が可能な人向けの住宅型老人ホームを併設していることです
介護型は今この３部屋が空いています
空
EV
空
WC
空
広々した屋上でお散歩も楽しんでいただけます
わ〜見晴らしいい
隣同士じゃないんだ
空きがでればお部屋の移動はできますよ
さ〜てどうしようか
「グロリア」のほうがハイグレードだね
グロリアグループ
Gloria
印刷
パンフもお金かかってた
やすらぎ
カラーコピー
駅からちょっと遠いのと
屋上はよかったけど施設の周辺はただの住宅街で寂しい感じ

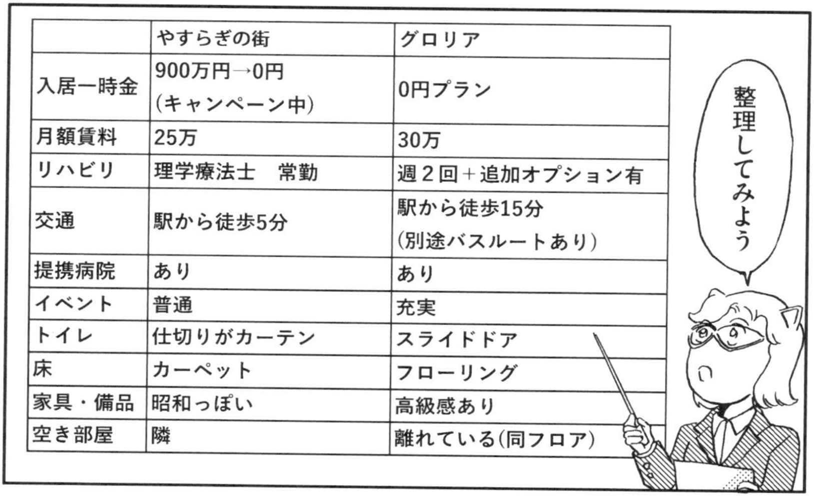

	やすらぎの街	グロリア
入居一時金	900万円→0円 （キャンペーン中）	0円プラン
月額賃料	25万	30万
リハビリ	理学療法士　常勤	週２回＋追加オプション有
交通	駅から徒歩5分	駅から徒歩15分 （別途バスルートあり）
提携病院	あり	あり
イベント	普通	充実
トイレ	仕切りがカーテン	スライドドア
床	カーペット	フローリング
家具・備品	昭和っぽい	高級感あり
空き部屋	隣	離れている（同フロア）

整理してみよう

自立生活できるなら高級感もほしいけど
ウチは老健の代わりだからね
一番はリハビリだよ!!
確かに!!

パンフレットの印刷が立派だとか
あ゛あ゛あ゛‥
バカみたいな感想だった
資本力がある証拠だから悪いことじゃないよ

冷静に比較したら費用も安いし
急な呼び出しがあった時に私がすぐに駆けつけられる
それはみんなにとって安心材料だよ〜
やすらぎ
グロリア
じゃあ「やすらぎの街」に決定!!
母に話した「やすらぎの街」オッケ〜
サルさん家の近くだって言ったら喜んでたよ
どうやって父に老人ホームの話を切り出すか悩んでたけど
父ちゃんには二人で入ろうって
言っておいたから!!
母が乗り気になってくれてホント助かったよ
母の骨折をきっかけに父と母は同じ建物内の老健とリハビリ病院で3か月暮らした
結果的にこれがお試し期間となり
両親の老人ホーム入居のハードルが一気に下がったと思っている

介護施設の種類と選び方

父が脳梗塞で要介護状態になってからしばらくの間、父は病院と介護施設、母は自宅、と別々に暮らしていました。姉さん女房の母は、父が倒れた時点で83歳。健康とはいえ、日中一人にするのは家族としては不安です。また、これまでのいろいろな体験から、父と母は一緒に暮らしたほうが精神的に安定することもわかっていました。

もし両親が一緒に暮らすとなると、二人とも自宅に引き取る(在宅介護)か、二人とも施設に預ける(施設介護)か、のどちらかになります。しかし、父は高次脳機能障害で24時間見守りが必要なため、在宅での介護は難しい状況でした。それ以外にも、ヘルパーなど他人が家に入ることを両親が嫌がる、自宅の現状がバリアフリー環境からはほど遠いなど、在宅介護に不可欠な条件をクリアできませんでした。

在宅が難しいとなると、施設介護ということになります。

まず思い浮かぶのは「老人ホーム」だと思いますが、それ以外にも要介護者を受け入れる施設にはいくつかあります。

【介護施設の例】

■介護老人保険施設(老健施設)

病状が安定している要介護者(要介護1以上)が、自宅復帰を目的にリハビリを行う施設です。入居期間は原則3〜6か月と決められており、老人ホームのようにずっと住み続けられるわけではありません。ただし、入居期限が来ても自宅復帰が難しいと判断された場合は、別の老健に移動してリハビリを継続することができます。

■特別養護老人ホーム(特養)

自治体や医療機関が運営しており、公的資金が入っているため比較的費用が安いのが特徴です。テレビや週刊誌で「空きがなくて、5年10年待ち」などといって取り上げられる老人ホームは、この特養を指している場合がほとんどです。２０１５年から入居条件が要介護3以上に引き上げられており、ますます入居は厳しくなっています。

■民間の老人ホーム

主に民間企業が経営している老人ホームで、「介護付」「住宅型」の2種類があります。住宅型は、介護度が比較的低い人のための老人ホームです。

■グループホーム

認知症の人を対象とした介護施設です。

■サービス付き高齢者向け賃貸住宅(サ高住)

自立できる高齢者を対象とした介護サービス付き・バリアフリー対応の住宅です。

【介護付有料老人ホームの探し方】

両親の施設を探した時、父は「要介護2」、母は「要支援」でしたので、この条件で入れる介護施設は民間の介護付有料老人ホームのみでした。

民間の介護付有料老人ホームというと「一部のお金持ちが入る贅沢な施設」という印象があるかもしれませんが、他に選択肢はありません。幸い、最近は高額な老人ホームばかりでもないようなので、私たち姉妹は、手持ちの資金で入れる老人ホームを探すことにしました。

介護付有料老人ホームを探すには、Ｗｅｂサービス会社や不動産会社などが運営している「老人ホーム検索サイト」が便利です。私が利用したサイトの場合、前述した特養や老健も掲載されていますので、まずは施設の種類「介護付有料老人ホーム」で選別します。それでも実に４０００件がヒットしました。

次に立地(全国どこにある施設でも入居してよい)、入居する本人や家族が希望する諸条件(リハビリ充実とか)で絞り込んでいきます。また、認知症の有無や持病によっては入居できない施設もありますので、受け入れ可能な看護・医療体制は最初にチェックしておきましょう。

費用は重要な条件です。漫画の中でも描いていますが(124ページ『介護付有料老人ホームを探せ』)、あらためて整理してみました。

介護付有料老人ホームの費用は、おおむね
①入居一時金が発生するが月額賃料が安め
②入居一時金は発生しないが月額賃料が高め
のどちらかになります。

①は入居時にまとまったお金が必要です。部屋数や期間を限定した「入居一時金0円キャンペーン」などを行っている施設もあるので、上手に活用できれば初期費用を抑えることも可能です。

②は年金など入居する人の毎月の収入に見合った金額に抑えるのが良いでしょう。貯金を取り崩すことを前提に年金収入より高い施設を選ぶ方法もありますが、何年住むことになるのか前もってわかっているわけではないので、判断は難しくなります。あくまでも参考ですが、80歳で入居した場合の平均入居期間は3~4年だそうです。

また、老人ホームは個室が大半です。家賃はもちろん入居一時金も部屋ごとに必要なので、犬井家のように両親とも入居となると費用は2倍かかるので要注意!

どんな介護施設であれ、お世話をしてくれるスタッフの方は皆さん「介護のプロ」です。私たち姉妹は、毎週両親を預けた施設を訪問し、着替えや食事の介助をすることもありましたが、しょせんは真似事。素人が簡単にできることではありません。

みなさんも、質の高い介護を受けられて親が幸せに過ごせる介護施設の利用について、考えてみてはいかがでしょうか。

第5章
2017年3月〜2019年10月

介護付有料老人ホーム「やすらぎの街」編

第５章あらすじ

施設介護に完全シフト

母の回復は順調でしたが、日中誰もいない自宅に一人残すのはやはり危険です。一方、父の介護度は「要介護２」に下がったものの高次脳機能障害のため見守りが必須。また夫婦一緒に暮らすほうが精神的に安定することも、この1年半の介護生活でわかってきました。そこで両親を、①同じ施設／②24時間見守りができる／③バリアフリー対応　の３つの条件をクリアする老健に預けて時間を稼ぎ、この先どうするかを考えるつもりでした。

この計画は、母の介護度が要支援から要介護に上がることを見越したものでした。しかし母の介護度が変わらなかったことで計画は大きく崩れました。「要支援」では老健に入れないからです。

特に父は生まれ育った自宅に帰してあげたかったのですが、娘が仕事を辞めて在宅介護をするのは現実的ではありません。幸いお金はなんとか工面できそうだったので在宅介護を諦めて施設介護にシフトしたのは当然の流れでした。

老健がダメとなると、入居先は「介護付有料老人ホーム」しかありません。自宅のあるA区には条件が合う施設に空きがなく、街の雰囲気が似ていて娘二人が通いやすいB区に落ち着きました。私は自転車でも通えるので交通費も節約できます。近所にはスーパーや100円ショップ、川沿いには花見スポットもあって、ちょっとしたお出かけもできるとあり、立地も申し分ありません。

2017年３月時点のデータ

■父郎（82歳）
居住地：老健施設→介護付有料老人ホーム（やすらぎの街）
介護度：要介護２／高次脳機能障害あり

■母子（84歳）
居住地：リハビリ病院→介護付有料老人ホーム（やすらぎの街）
介護度：要支援２／歩行カート使用

理学療法士
上田《うえだ》先生
ケアマネジャー
花岸《はなぎし》さん
総務・赤井《あかい》さん
やすらぎの街

第1話
「やすらぎの街」施設紹介

総務の赤井です
よろしくお願いします
お部屋は2階です
手前が父郎さん奥のお部屋が母子さんご希望でしたよね
はい母は歩行カートがあるので広いほうがいいんです
食堂は1階
エレベーターで降りていただきます
二人には頑張って歩いてもらおう
リハビリぢゃ!!
介護士が介助いたしますよ
ちょうどお昼の時間なのでお食事もご用意しました
母子様
父郎様
感無量
ようやく父が一人メシじゃなくなった
母〜頼むよ〜

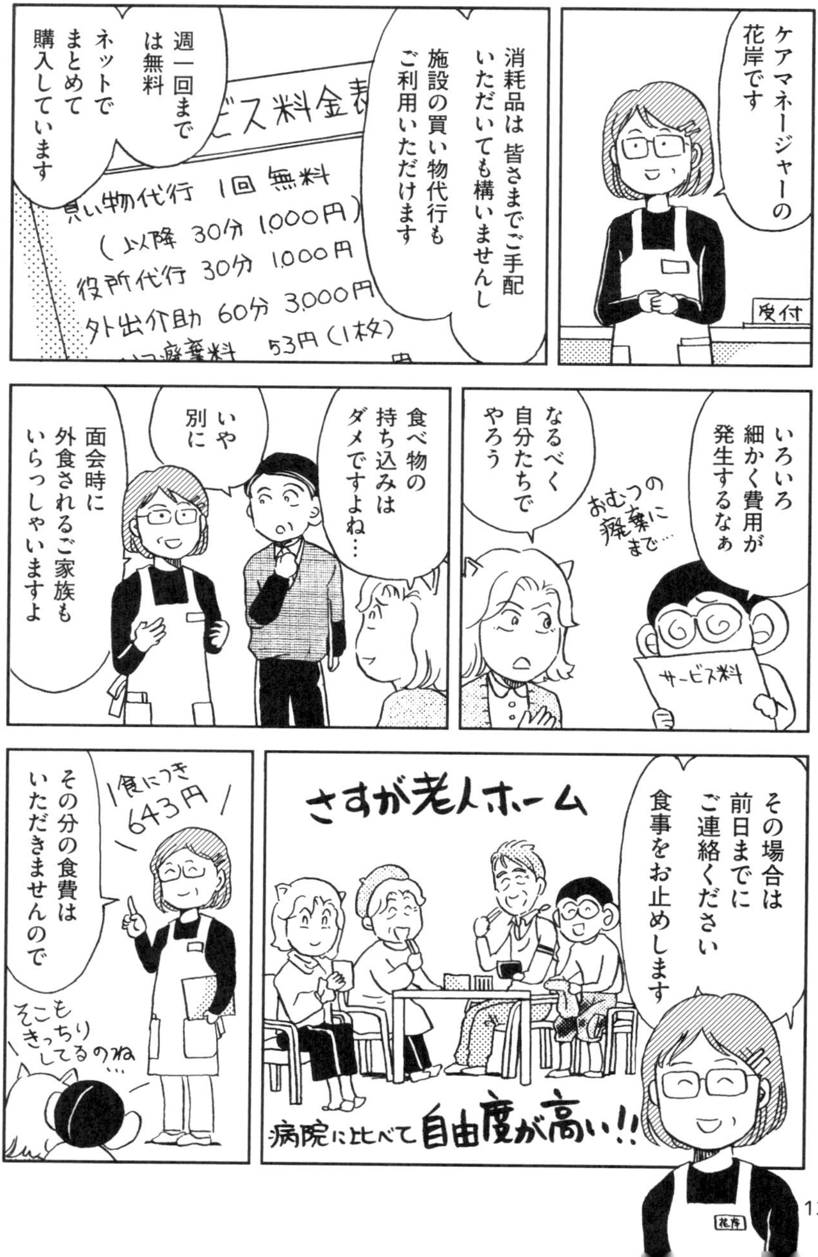

ケアマネージャーの花岸です
受付
消耗品は 皆さまでご手配いただいても構いませんし 施設の買い物代行もご利用いただけます
週一回までは無料 ネットでまとめて購入しています
ビス料金表
い物代行 1回 無料
（以降 30分 1,000円）
役所代行 30分 1,000円
外出介助 60分 3,000円
廃棄料 53円（1枚）
いろいろ細かく費用が発生するなぁ
おむつの廃棄にまで…
サービス料
なるべく自分たちでやろう
食べ物の持ち込みはダメですよね…
いや別に
面会時に外食されるご家族もいらっしゃいますよ
その場合は前日までにご連絡ください 食事をお止めします
さすが老人ホーム
病院に比べて自由度が高い!!
花岸
1食につき643円
その分の食費はいただきませんので
そこもきっちりしてるのね…

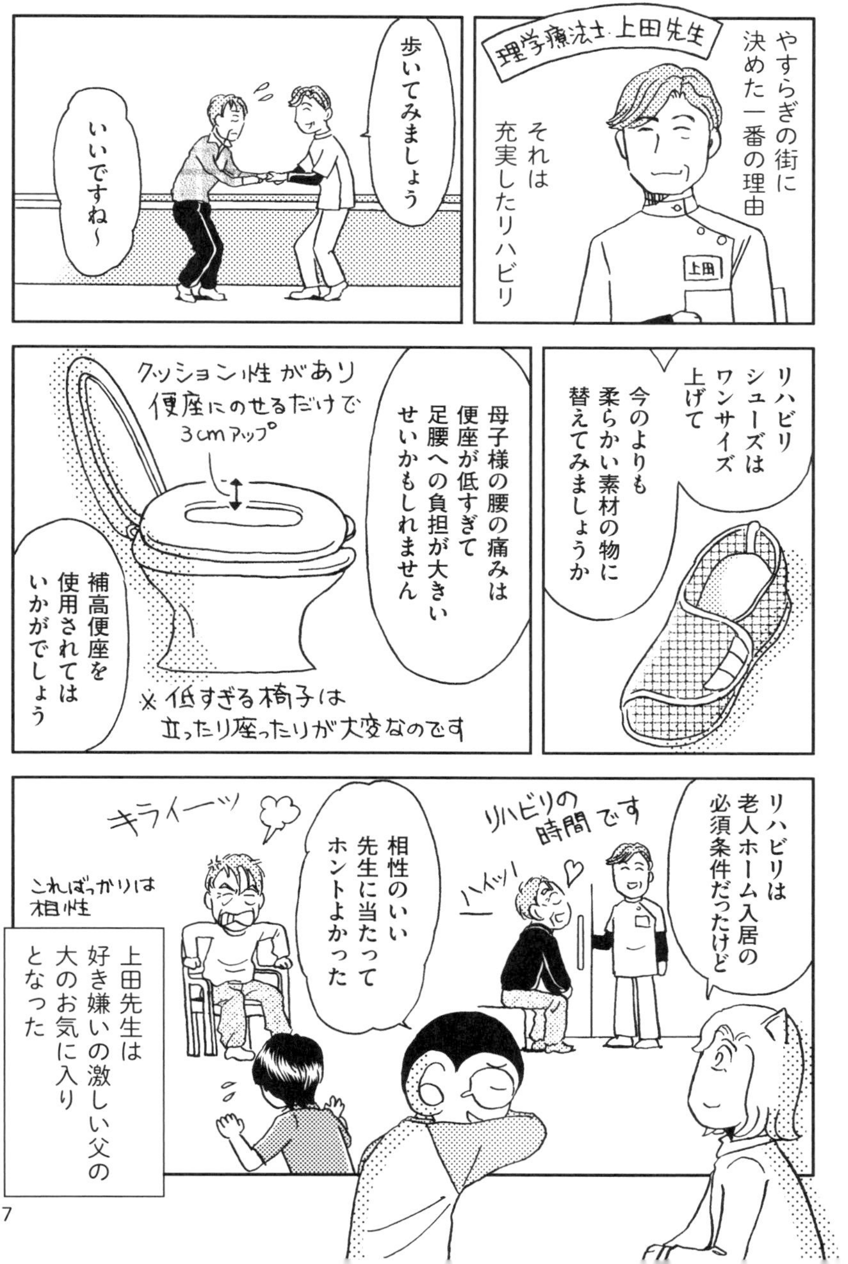
理学療法士 上田先生
やすらぎの街に決めた一番の理由
それは充実したリハビリ
上田
歩いてみましょう
いいですね〜
リハビリシューズはワンサイズ上げて
今のよりも柔らかい素材の物に替えてみましょうか
母子様の腰の痛みは便座が低すぎて足腰への負担が大きいせいかもしれません
クッション性があり便座にのせるだけで3cmアップ
補高便座を使用されてはいかがでしょう
※低すぎる椅子は立ったり座ったりが大変なのです
リハビリは老人ホーム入居の必須条件だったけど
リハビリの時間です
ハイッ!
相性のいい先生に当たってホントよかった
キライーッ
こればっかりは相性
上田先生は好き嫌いの激しい父の大のお気に入りとなった

掃除や洗濯も
施設にお任せなので
私物には
お名前の記入を
お願いします
犬井様
私物リスト
今度はもうちょっと
丁寧に書こうね
犬井父郎
犬井父郎
犬井父郎
TEPRA
オフィスでよく
使われている
ラベルライター
テプラが
いいよ
キレイだし
水にも強い
救急病院で
なぐり書きした
イヌイ
問題は
布モノへの記名
これはAさんので
こっちはBさん
えー
逆じゃ
ないですか?!
洋服の混在には
施設も苦労しているらしい
布用のお名前スタンプを
作って押していたが
ネットで注文
2個1500円位
いぬいちちろう
お名前
STAMP
ね～みぃ～
いぬいちちろう
すぐ薄くなってしまった
するとある日…
職員の誰かが
デカデカと
イヌイ
マジック書き

この時は
施設長さんが
デリカシーの
ないことを
しないように
——と注意して
くれたそうだが
タグが黒
生地が
フカフカ
書くとこ
なし
そもそも衣料品には
名前が書きづらいのだ!!
ネームタグを
つけるしかない
でもアイロン
接着だと
すぐ剥がれそう
100円
アイロン
らくらく
——ということで
縫い付け式の
ネームタグを注文
30枚3000円位
これはイイ!!
高級感ある!!
HandMade
MARI ORIGINAL
いぬいちちろう
サテンの
リボン
ししゅう
ワンポイントも入れられる
が
しかし
見えね〜!!
親の
介護世代は
もれなく老眼!!
頑張って
付けました…
ちく
ちく

第2話
補助器具を賢く使おう

やすらぎの街に入居してから
父は歩行器を使うようになった
そんなのに頼って…
これがあるとはやく歩ける
ナーニが悪い!!
なるほど
私だってすっかり老眼鏡のお世話になってるし
同じか
男の憧れ
THE COCKPIT!!
手が痛くならないようガーゼぐるぐる巻き
ペンとかハサミ
靴べら
タオル（何枚も）
ウーが入ってる巾着袋
面会に来るたびに何か増えてる
ま、いっか

母は15年以上
歩行カートを使っている
骨折は
完治しましたわ
——ので
おでかけは
簡単だと思って
いたのだが…
今日、父が
昼寝中に
コンビニ
老人
ホーム
300m
くらい
母とコンビニまで
行ったんだけど
遠いだの
暑いだの
さんざん
泣きわめかれて
もう歩けない〜
くたびれた〜
ギャー
すんげ〜
大変だった!!
もう
歩行カートでの
おでかけは
こりごり!!
まるで
虐待!!
以後
外出は車椅子
段差
遠いけど段差のない横断歩道
コツを
つかめば
家族でも
安全に
介助できる
スーパー
BOOKS
100円SHOP
FASHION
両親の
行動範囲は
広がった

第3話
家族での外出・イベント

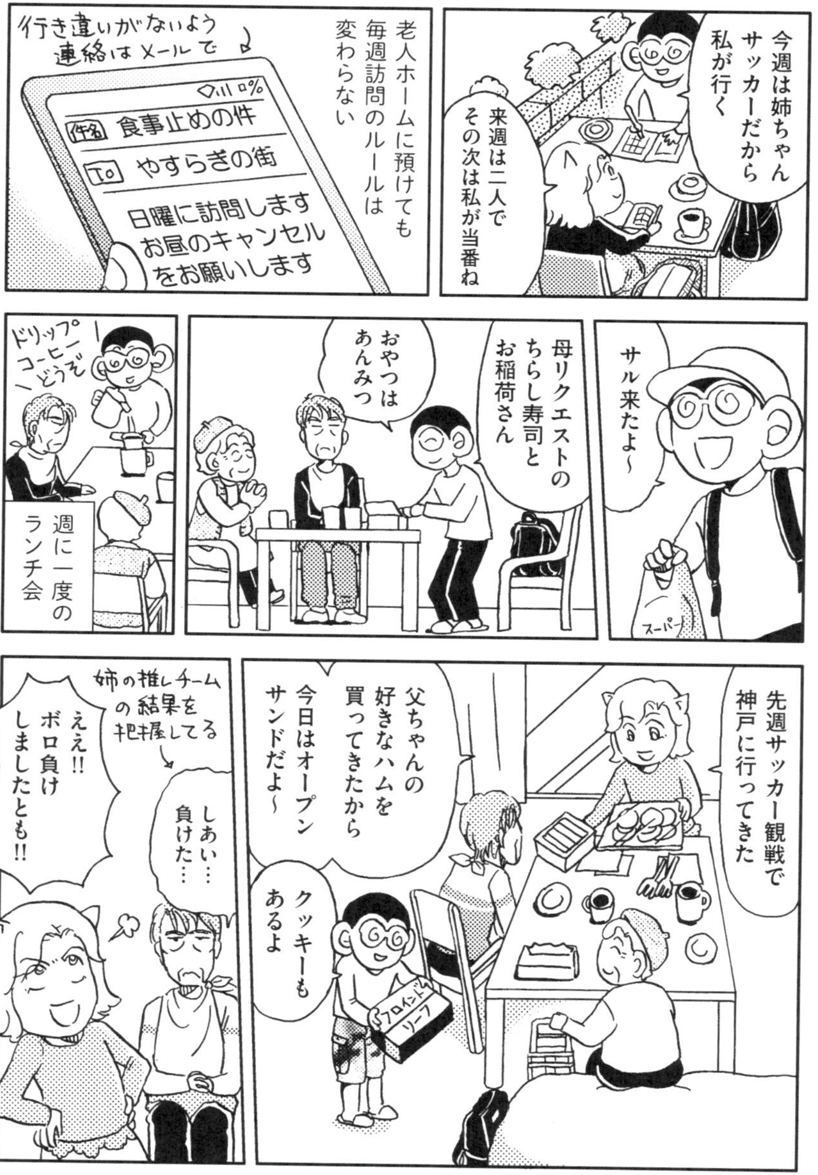
今週は姉ちゃん
サッカーだから
私が行く
来週は二人で
その次は私が当番ね
老人ホームに預けても
毎週訪問のルールは
変わらない
行き違いがないよう
連絡はメールで
件名 食事止めの件
To やすらぎの街
日曜に訪問します
お昼のキャンセル
をお願いします
サル来たよ～
スーパー
母リクエストの
ちらし寿司と
お稲荷さん
おやつは
あんみつ
ドリップ
コーヒー
どうぞ
週に一度の
ランチ会
先週サッカー観戦で
神戸に行ってきた
父ちゃんの
好きなハムを
買ってきたから
今日はオープン
サンドだよ～
クッキーも
あるよ
フロインド
リーブ
姉の推しチーム
の結果を
把握してる
ええ!!
ボロ負け
しましたとも!!
しあい…
負けた…

はい
神戸のデリカテッセン
厚切りトーストもウチで焼いて持ってきたんだよ
アルミ
デリカテッセン
懐かしい…
神戸赴任時代に父ちゃんと行った珈琲店の味だわ
コーヒーもその店のブレンドだよ
カップもホラ
家から持ってきた
NISHIM
COFFE
COBE
シュガー
クリーム
NISHIMURA COF
いい香り〜
わいわい
老人ホームの食事だけじゃ味気ないから
漬物
昆布
スポーツドリンクはむくみの原因になるのでちょっと…
梅干しも一日一個までで
ありゃスミマセン
食べ物の持ち込みは食事制限や薬に影響のない範囲でほどほどに

父が楽しみにしているのが100円ショップでの買い物
老人ホーム近くのスーパーの3階に入っていて車椅子でも回れる広さがある
トング?
何に使うの?
落とした物をひろう…
ペンもなくなった
PEN
100円
ハイハイ
どうせすぐ壊しちゃうだろうけど
まあ
100円だから
ほかには?
ひきだし…
え〜この間も買ったじゃん
父は引き出しが大好きだ
薬の空き袋をとっている
×月×日
おくすり
朝
ペン
ふせん

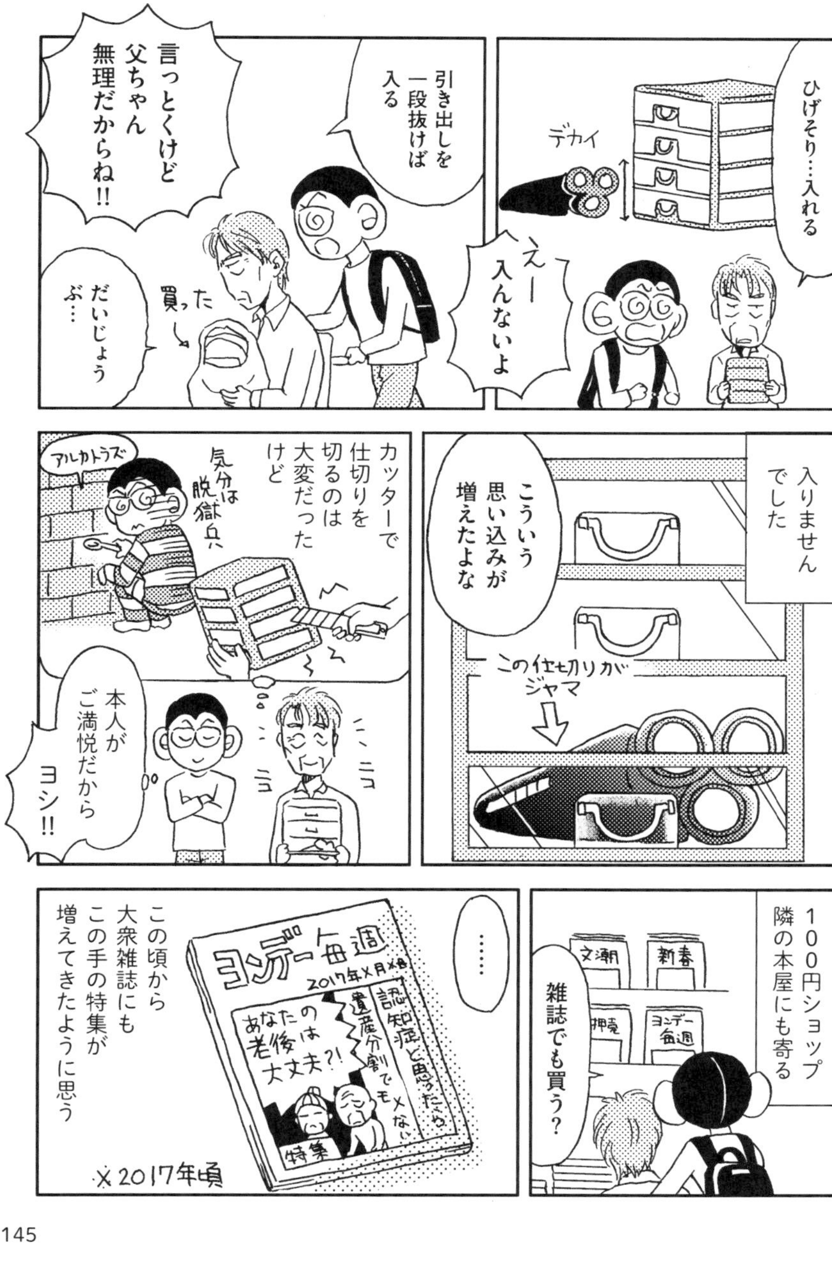
ひげそり…入れる
デカイ
えー
入んないよ
引き出しを一段抜けば入る
言っとくけど父ちゃん無理だからね!!
買った
だいじょうぶ…
入りませんでした
こういう思い込みが増えたよな
この仕切りがジャマ
カッターで仕切りを切るのは大変だったけど
気分は脱獄兵
アルカトラズ
本人がご満悦だからヨシ!!
ニコ
ニコ
100円ショップ隣の本屋にも寄る
雑誌でも買う?
文潮
新春
ヨンデー毎週
……
この頃から大衆雑誌にもこの手の特集が増えてきたように思う
ヨンデー毎週
2017年×月×日
あなたの老後は大丈夫?!
遺産分割でモメない
特集
※2017年頃

食品売り場で
B1 1 2 3 4
母ちゃんにお土産買おう
一人で2台の車椅子は押せないので
訪問が一人の時はどちらかが留守番
特価
※2回行くこともある
施設に頼めば欲しい物はネットショップで買ってくれるけど
注文しておきました～
パッド
キャラメル
母ちゃんにはどっちがいい？
こっち？
そういうことじゃないんだよな～
1455
アイス買ってきた
父ちゃんが選んだんだよ
こうやって自分で選ぶのが楽しい

2時から書道レクです
レクだってどうする？
お声掛けはしているんですが父郎さんはほとんど参加されないんです
としよりのレクはくだらない!!
スミマセン…
母子さんはどうですか？
書道は得意じゃん
行こうよ
ハァー
上手な人がいるのよ
いやいや母ちゃんだって負けてないよ
年寄りおだて作戦
じゃあ参加するわ
母ちゃんは書道に行くって言ってるけど父ちゃんは～？
一人さびしく部屋にいるのかな～
年寄りあまのじゃく作戦
おれも行く…

あらっ あら〜
父郎さんも参加されるんですか？
よろしくお願いします
そうですか…
うるっ
花岸さんうれしそう
普段どんだけ拒否してんだか
新緑 犬井父郎
父の書道はしばらく飾られていた
(上田先生を除き)父は誰とも打ち解けず母にべったり
父ちゃんが夜中に壁をドンドンしてアタシを呼ぶんだけど
めんどうだから寝たふりしちゃうんだ
ドン
ドン
ドン
おまえはいつもおれを無視する
やさしくない
痴話ゲンカ
スーン

甘えん坊で内弁慶な父の陰に隠れているが
腰がいたいの〜
お風呂入りたくない〜
母もそれなりに面倒くさい人だ
そんな母の精神安定剤はキャラメル
ハイ母子さん
外出したついでに買ってきました
キャラメル
ヒエーッ
ベッドの隙間にキャラメルの空き袋がっっ
1日2個までと決めても
月
火
水
木
金
土
カラッ
ヒエーッ
父のテレビカード入れに使ってたウォールポケット
大井母子様
預け金 精算書(×月)
△日 キャラメル 298円
△日 キャラメル 298円
△日 ティッシュ 312円
△日 キャラメル×2個 596円
ヒエーッ
なんだかんだ似たもの夫婦でした

第4話
家族の役割

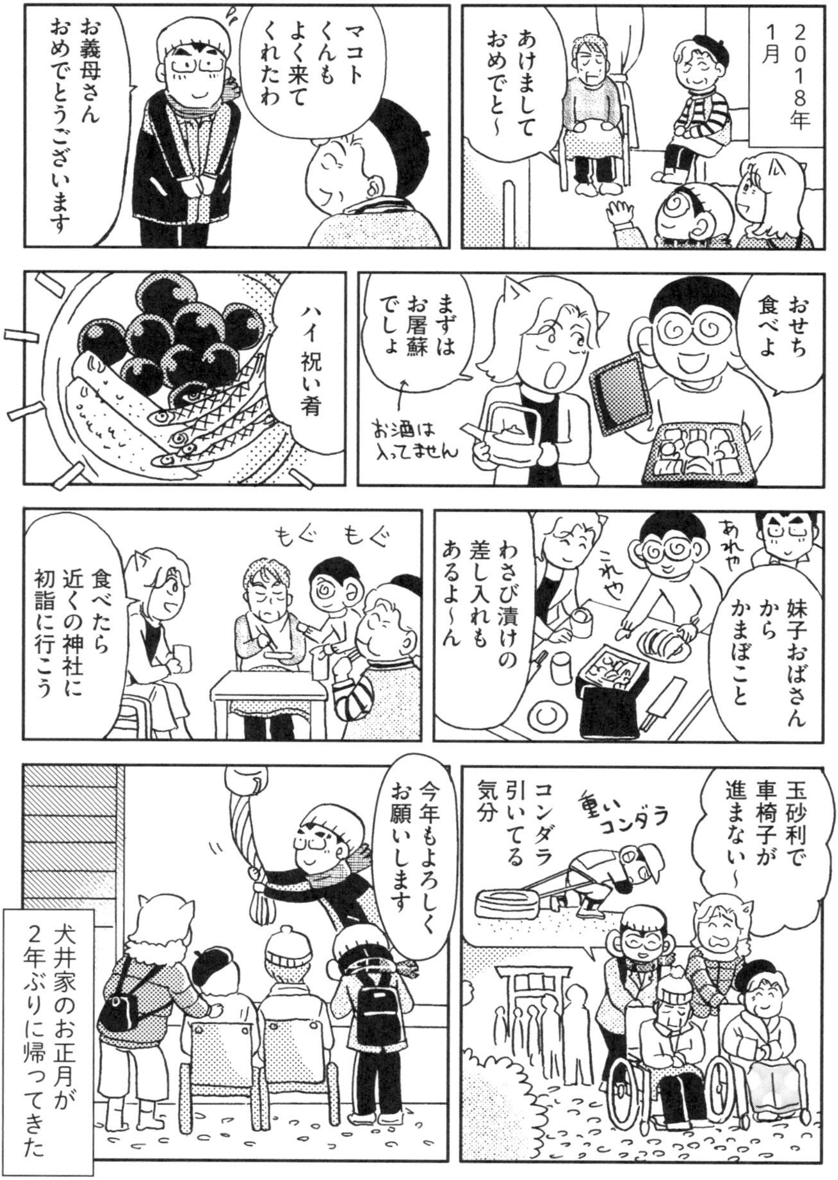

2018年1月
あけましておめでと～
マコトくんもよく来てくれたわ
お義母さんおめでとうございます
おせち食べよ
まずはお屠蘇でしょ
お酒は入ってません
ハイ祝い肴
あれや
これや
妹子おばさんからかまぼこと
わさび漬けの差し入れもあるよ～ん
もぐ もぐ
食べたら近くの神社に初詣に行こう
玉砂利で車椅子が進まない～
重いコンダラ
コンダラ引いてる気分
今年もよろしくお願いします
犬井家のお正月が2年ぶりに帰ってきた

―4月―
川沿いに花見に行ってきます
それはいいですねー
ホームでも花見にお連れするんですが
赤井
人数が多いので車窓から見るだけなんですよ
ご家族水入らずで楽しんできてください
ありがとうございます
まんかい〜♪
日常生活の介助は介護のプロにお任せして
楽しい時間を一緒に過ごす
それが家族の役割

ナースコールを鳴らしすぎて怒られたり
一晩に何度もならさない
バカ
職員に悪態をついたり
娘とケンカしたりしながらも
母と二人老人ホームでそれなりに暮らしていた
望んで始めた施設暮らしではないけれど
生まれ育った自宅に帰る日を夢見てリハビリに励んでいたのだが…
スタスタ…
母ちゃん
あっまって…
わ〜っ
バターン

第6章
2018年9月

父、車椅子に

第６章あらすじ

父、大腿骨骨折で入院

老人ホームで歩行中に転倒した父は、近くの大学病院に搬送されました。

手術スケジュールの空きがなく、すぐに少し離れた救急整形外科に転院することになりました。移動には介護タクシーを利用しましたが、ドライバーの手際が見事。救急搬送口に車を着けたら、寝たきり状態の父をあっという間に病院のストレッチャーに乗せ換える。その手際のよさに「骨折で運ばれるお年寄りが多いのかな？」と思ったりしました。実際、病院には次々と患者さんが搬送され、治療を終えると退院（転院）していきました。

診断名は「大腿骨頸部骨折」。折れた部分をボルトでつなぎ、手術は完了です。しかし、手術後も父の足はクロスしたままで、真っ直ぐ伸ばすことができていません。「この足で歩けるようになるのか？」というのが、ベッドに横たわる父を見た時の感想です。

結局、父の足は曲がったまま。立てないので歩くこともできず……。

——この時から、父は車椅子生活になりました。

車椅子の選び方がまったくわからなかったので、父に合ったものを理学療法士の先生に選んでもらいました。購入までの面倒な手続きを施設に一任できたのも楽でした。定価より安く買えたのは介護保険を利用したのかもしれません。車椅子にも乗る人の体型や用途に合わせて種類やサイズがあるとは知らず、一瞬でも「ネットオークションで買えば安いかも」などと考えたことを深〜く反省しました。

2018年９月時点のデータ

■父郎（83歳）
居住地：介護付有料老人ホーム（やすらぎの街）→救急整形外科
→介護付有料老人ホーム（やすらぎの街）
介護度：要介護２→要介護４／高次脳機能障害あり

■母子（86歳）
居住地：介護付有料老人ホーム（やすらぎの街）
介護度：要支援２→要介護２／歩行カート使用

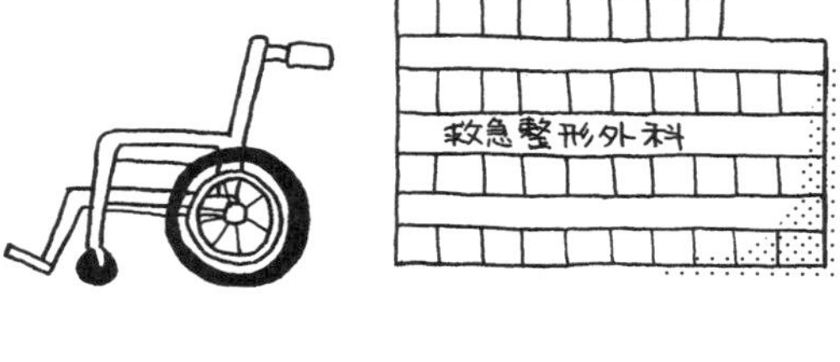

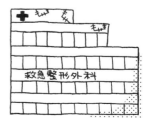

第1話
救急外科での生活

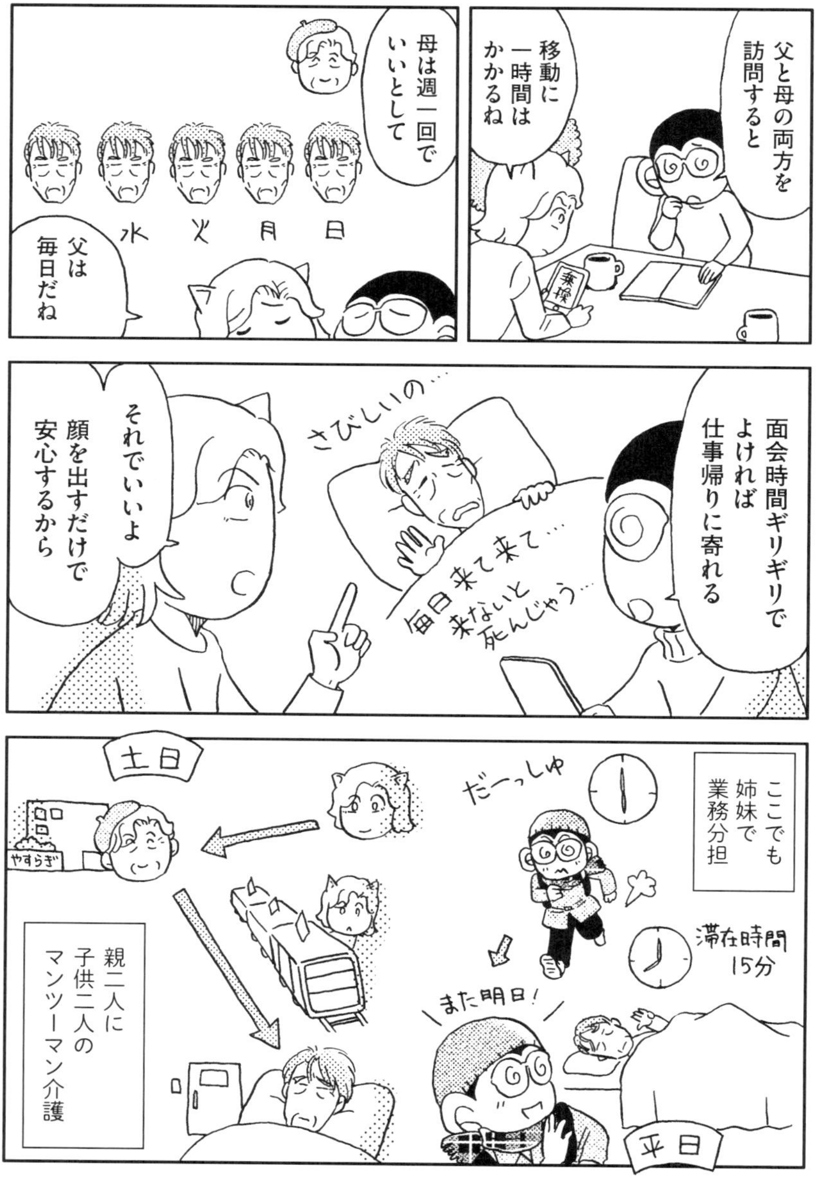
父と母の両方を訪問すると
移動に一時間はかかるね
乗換
母は週一回でいいとして
日
月
火
水
父は毎日だね
面会時間ギリギリでよければ仕事帰りに寄れる
さびしいの…
毎日来て来て…
来ないと死んじゃう…
それでいいよ顔を出すだけで安心するから
ここでも姉妹で業務分担
だーっしゅ
滞在時間15分
また明日！
平日
土日
やすらぎ
親二人に子供二人のマンツーマン介護

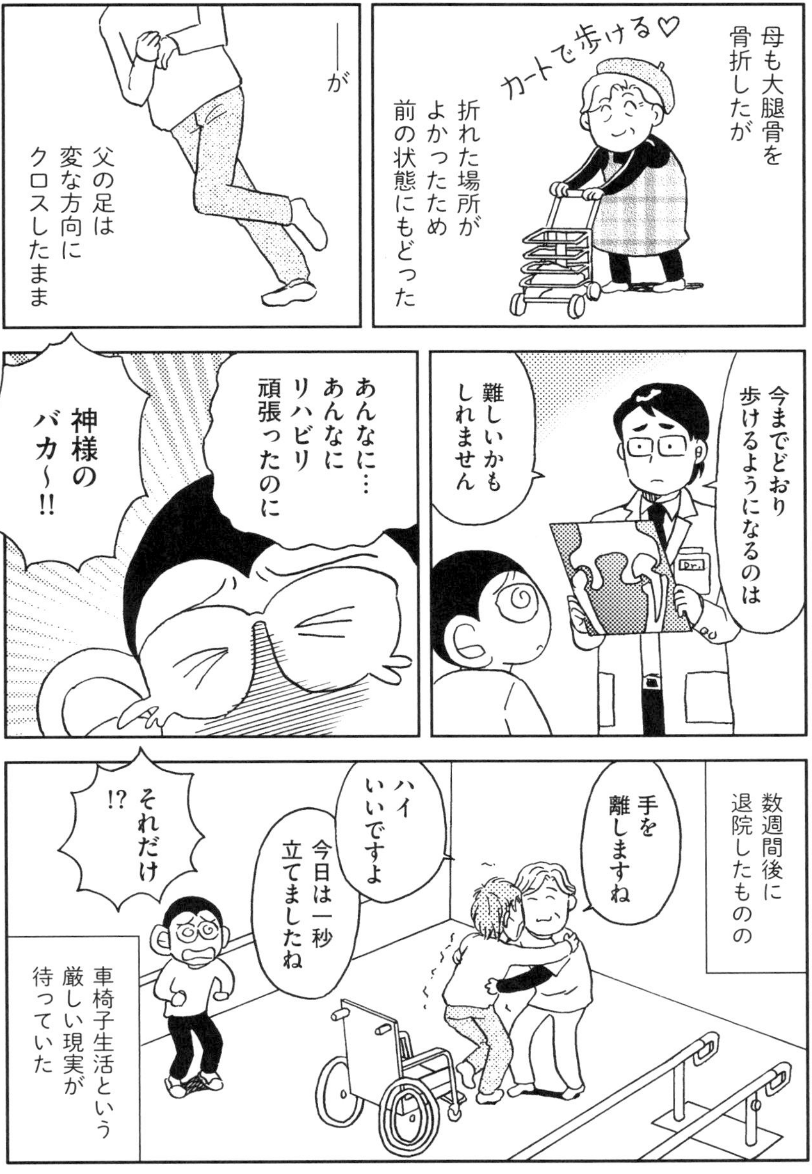
母も大腿骨を骨折したが
カートで歩ける♡
折れた場所がよかったため前の状態にもどった
――が
父の足は変な方向にクロスしたまま
今までどおり歩けるようになるのは
難しいかもしれません
あんなに…あんなにリハビリ頑張ったのに
神様のバカ～!!
数週間後に退院したものの
手を離しますね
ハイいいですよ
今日は一秒立てましたね
それだけ!?
車椅子生活という厳しい現実が待っていた

第2話
父、車椅子に

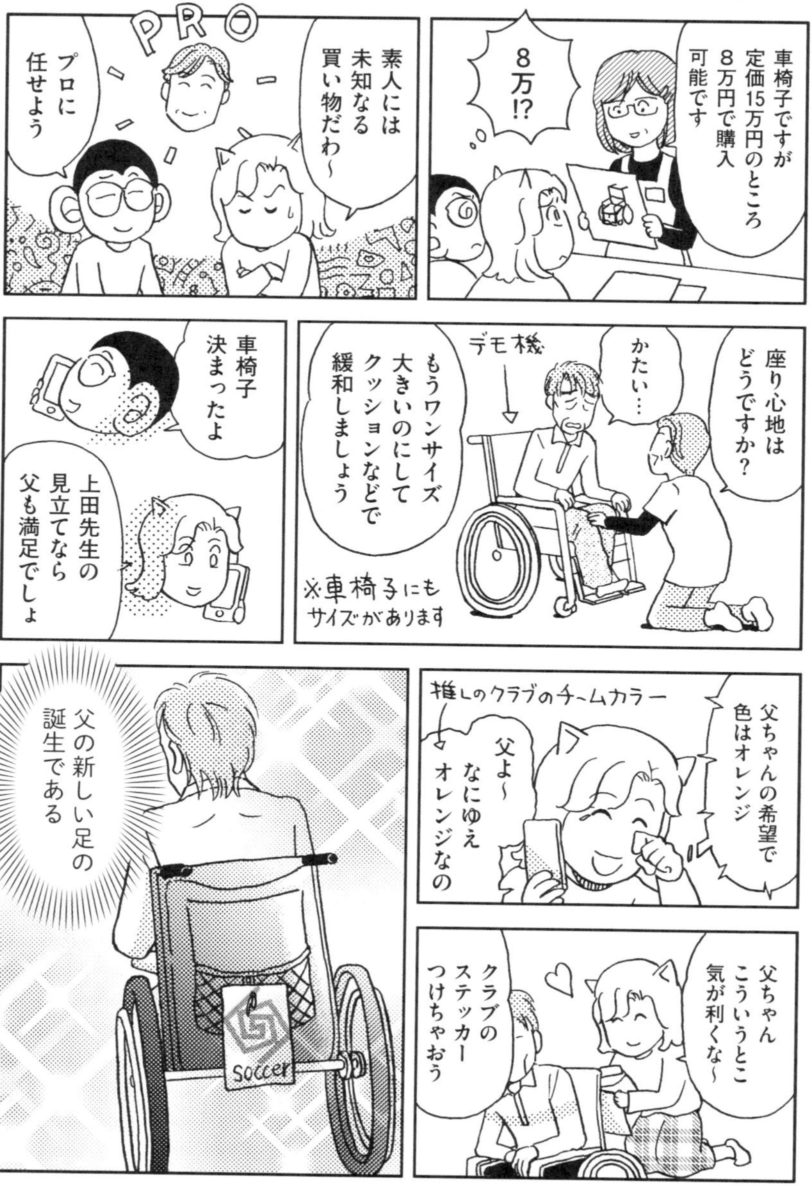

車椅子ですが定価15万円のところ8万円で購入可能です
8万!?
PRO
素人には未知なる買い物だわ~
プロに任せよう
座り心地はどうですか?
かたい…
デモ機
もうワンサイズ大きいのにしてクッションなどで緩和しましょう
※車椅子にもサイズがあります
車椅子決まったよ
上田先生の見立てなら父も満足でしょ
父ちゃんの希望で色はオレンジ
推しのクラブのチームカラー
父よ~なにゆえオレンジなの
父ちゃんこういうとこ気が利くな~
クラブのステッカーつけちゃおう
父の新しい足の誕生である
soccer

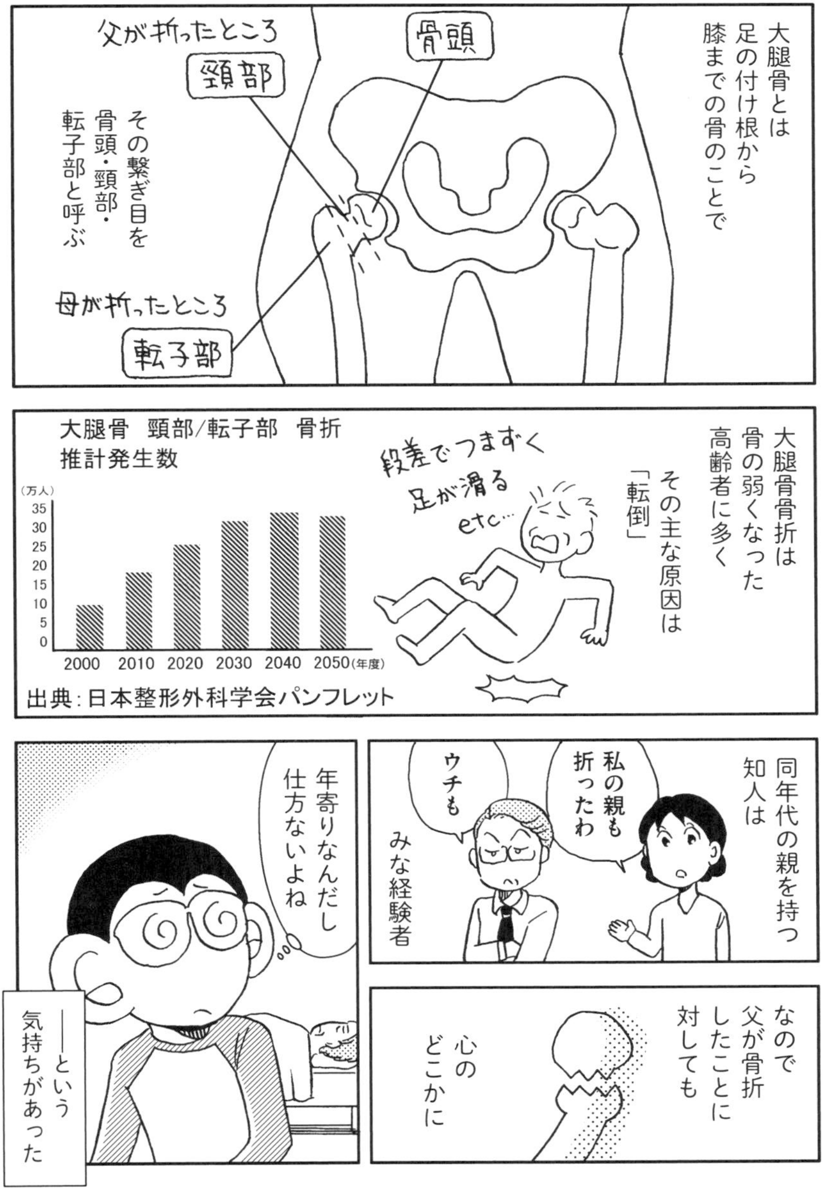

大腿骨とは
足の付け根から
膝までの骨のことで
父が折ったところ
骨頭
頸部
その繋ぎ目を
骨頭・頸部・
転子部と呼ぶ
母が折ったところ
転子部
大腿骨骨折は
骨の弱くなった
高齢者に多く
その主な原因は
「転倒」
段差でつまずく
足が滑る
etc…
大腿骨　頸部/転子部　骨折
推計発生数
（万人）
35
30
25
20
15
10
5
0
2000　2010　2020　2030　2040　2050（年度）
出典：日本整形外科学会パンフレット
同年代の親を持つ
知人は
私の親も
折ったわ
ウチも
みな経験者
なので
父が骨折
したことに
対しても
心の
どこかに
年寄りなんだし
仕方ないよね
——という
気持ちがあった

父ちゃん元気～？
ずーん
あ～今日ダメな日だ
そっとしとこう
…になった
え？何？
足が折れてから…
なにもかも
ダメになった…!!
父がどんな気持ちでいたのか
これっぽっちも気づいていなかった
お食事で～す
…父ちゃん
食堂に行こうか
娘には
車椅子を押すことしかできない

第7章
2019年8月～10月

転ホーム
～老人ホームのお引っ越し

第７章あらすじ

老人ホームを移動する

父が倒れて3年目に介護計画の見直しを考える必要が出てきました。理由はズバリ、「施設利用料が払えなくなった」ことです。「やすらぎの街」は入居一時金0円キャンペーンで安く入居できましたが、東京23区内の老人ホームとあって月額費用は高め。資金繰りはもう限界です。

一般的には、都市部より地方の老人ホームのほうが費用は安くなります。しかし「親を預けても毎週会いに行く」を介護方針としている犬井家では、通える範囲でないと意味がありません。そこで、ちょっと離れたエリアの東京都下、埼玉県、千葉県、神奈川県を探し、最終的には埼玉県の施設に決めました。父が単身赴任をしていたこともあり犬井家になじみ深かったことが理由です（残るエリアの方、すみません……）。

知人と夫の力と車を借り（犬井家には車がない）、2日かけて老人ホームを移動。高齢者は住まいの移動を嫌がる傾向にあるようですが、犬井家は転勤族で引っ越しには慣れています。こんな経験が生きるとは、人生わからないものですね……。

2019年８月時点のデータ

■父郎（84歳）
居住地：介護付有料老人ホーム「やすらぎの街」→「はる風の花」
介護度：要介護４／高次脳機能障害あり／車椅子使用

■母子（87歳）
居住地：介護付有料老人ホーム「やすらぎの街」→「はる風の花」
介護度：要介護２／歩行カート使用

サルの夫・マコト

バイク担当
Sくん

車担当・役者の
O橋さん

第1話
資金が足りない！ 老人ホームの引っ越し

今回の入院費用は
70万円
100000
ギーッ
差額ベッド代が痛かったー!!
介護認定も取り直しとなり
ああ…自己負担額が上がった
父が要介護2
⇓要介護4
母が要支援2
⇓要介護2に
※自己負担額は要介護度や所得など複数の要件を組み合わせて算出されます
最後の保険を解約する
バンッ
死亡保険
死んだあとにお金はいらない
介護生活2年半でついに父の貯蓄はゼロ
せっかく上田先生との信頼関係が上手くいってるんだし
スキスキ
当面は解約返戻金で何とかなるから急ぐ必要はないと思うよ
確かに
壱万円
10000
郊外の安い施設に住み替えが必要かな？
それは追々でいいんじゃない？
BEER
と思っていたところ
あるきっかけであれよあれよという間に老人ホームを移動することになった
その1か月半にわたる施設移動のドタバタをドキュメンタリー形式でお送りします
ドキュメント45days

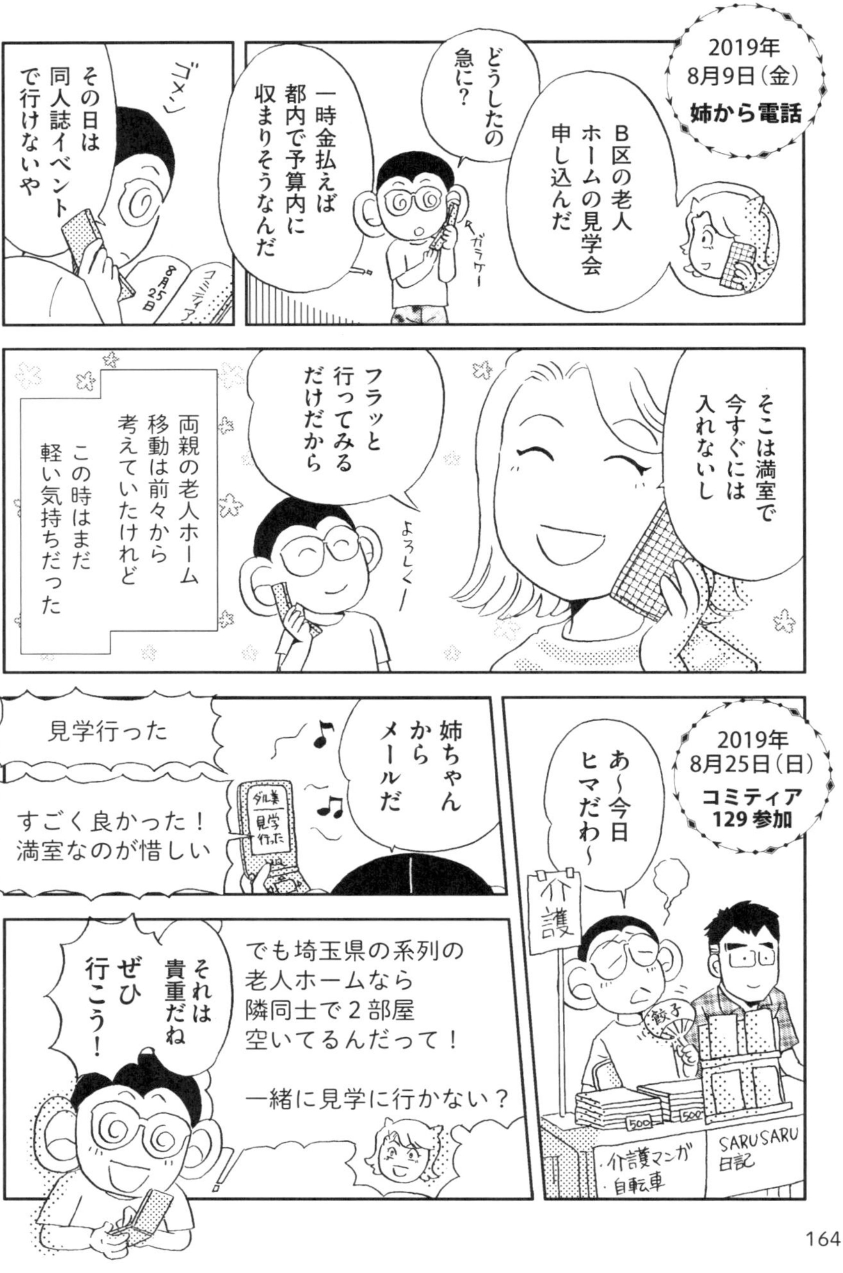
2019年
8月9日（金）
姉から電話
B区の老人ホームの見学会申し込んだ
どうしたの急に？
一時金払えば都内で予算内に収まりそうなんだ
ガラケー
ゴメン
その日は同人誌イベントで行けないや
コミティア
8月25日
そこは満室で今すぐには入れないし
フラッと行ってみるだけだから
よろしくー
両親の老人ホーム移動は前々から考えていたけれど
この時はまだ軽い気持ちだった
2019年
8月25日（日）
コミティア
129参加
あ〜今日ヒマだわ〜
介護
餃子
500
500
・介護マンガ
・自転車
SARUSARU日記
姉ちゃんからメールだ
ダル美
見学行った
見学行った
すごく良かった！
満室なのが惜しい
でも埼玉県の系列の老人ホームなら隣同士で２部屋空いてるんだって！
一緒に見学に行かない？
それは貴重だね
ぜひ行こう！

2019年 8月31日（土） 10：00 ホーム見学
○△×△駅
北口
バス停 あっちだよ
バスのりば
7つ先じゃ 歩くのは ムリか…
01 系統
一時間に3本あれば まあまあじゃない？
介護付有料 老人ホーム 「はる風の花」
敷地 ひろっ
さすが郊外
隣が スーパーだ！
はる風
介護付有料老人ホーム はる風の花
※外観は 変えて あります
古さは 今のとこと 同じくらいか
ややボロ…
パンフ
築90年の 自宅と比べれば 築20年なぞ 新築同然!!
カッ
重要 なのは な・か・み
ハイ そのとおり です

※数百万～数千万（中には億も）
今のホームは月額費用※が高めなのでもう少し抑えたいんですが
※30～50万円
月額費用の安いプランは入居一時金※が高くて…
一般的にはそうですね
相談員
ウチは両親なので費用は
さらに
倍!!
クイズダービー
おっと…
そこで当施設の「入居一時金軽減プラン」に着目されたと…
〈軽減プラン〉
入居金 100～300万
月額費用 20～30万
このプランの入居金償却時間は5年
平均寿命
81歳(♂)
父84
母87
88歳(♀)
90歳
超超高齢
5年
つまりご両親の年齢を考えると最適と言えるでしょう
ここだけの話ですが年内に24時間看護サービスを始めるんです
ボソ…
すぐ埋まっちゃうかも
両親の貯蓄と年金で払えるギリギリ……
看護体制が充実するし2部屋空いてる…
決めた!!

2019年
8月31日(土)
14：00
見学帰りに両親に報告
来月中に別のホームに移るから
サマリーの用意を
こんなに急に老人ホームを移転するなんて考えてなかったから
11月の同人誌イベントに2本も申し込んじゃったよ～
ぜんっぜん漫画できてないのに～っ
こまったサルおどり～
3連休2回をあてこんで作画スケジュール組んでたけど
19
20
21 作画
ホーム 11:00
27
28 作画
29 作画
引っ越し?
チクショーッ
でも両方やるしかない!!
仕事モードオンで全部こなしちゃる!!
車椅子の父と歩行カートの母それに2人分の荷物を1日で運ぶのは
ムリ!!
2日に分けたほうがイイ
引っ越し歴13回の経験則!!
じゃあ赤帽頼む…?
姉
待って——明日は第一日曜
地元の映画仲間の集まりがあるな…
9月1日 17:00～(日) 自主上映会
ワゴン車持ってて引っ越しバイトやってる知人がいる
ホント
!?
手伝い頼めないか聞いてみる
打合せ＝飲み

2019年9月1日(日)20：00
引っ越しバイト？
やるやる〜っ
役者の○《オー》橋さん
人力もど〜っすか？
知人のS君
日にち決まったら教えて仕事休むから
う うれしい!!
9月2日(月)
※サマリー：介護や看護の情報を要約した書類
引っ越し頼めた
ありがたいー!! サマリー(※)の用紙送る
了解。ケアマネさんに渡しておく
9月5日(木)
保険の解約手続き中
カーテンはサルが買う
9月9日(月)
よろしく〜。会社休んで おむつ助成の変更申請した
2019年9月10日(火)14：00
姉も私も会社員なので
新しい老人ホームと両親との面談など立ち合い不要な手続きは任せる
老人ホームはる風の花
名刺
昼休みも活用
えっ!? 部屋のカーテンのサイズ235×180センチ!?
ウチ…窓が大きくて…
既成カーテン178cm×100cm
カーテン
オフィスビルテナント内のニ○リ
9月13日(金)
安くて早いオーダーカーテンの店
あった!
通販オーダーカーテン
安い!
生地サンプル無料
納期1週間!
ねるよー
テクノロジーの力も借りる
インターネット

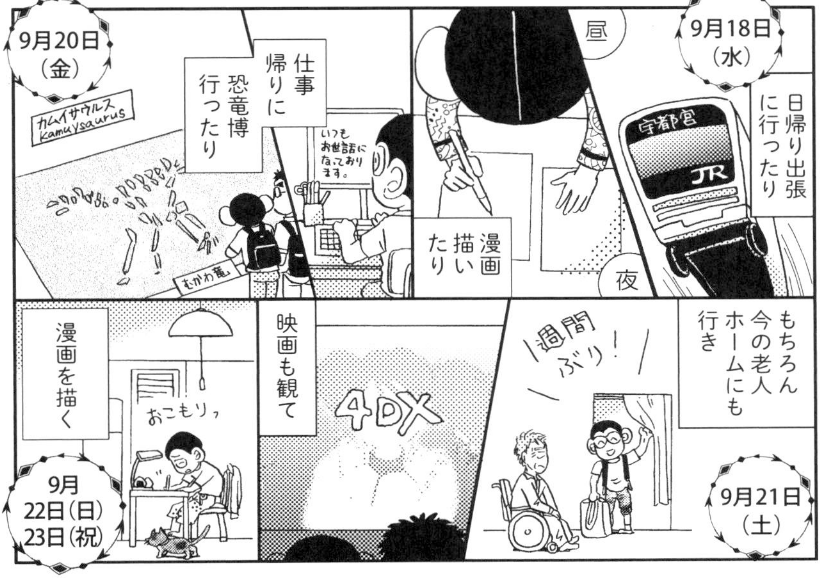
9月18日(水)
日帰り出張に行ったり
宇都宮
JR
昼
夜
漫画描いたり
9月20日(金)
仕事帰りに恐竜博行ったり
カムイサウルス
Kamuysaurus
むかわ竜
いつもお世話になっております。
9月21日(土)
もちろん今の老人ホームにも行き
1週間ぶり!
映画も観て
4DX
漫画を描く
おこもりっ
9月22日(日)23日(祝)

時間がないからこそやりくりして
趣味も仕事も介護も
全部こなす!!
それがワシらのポリシーなのだ!!

引っ越しは
10月5日(土)
6日(日)に決まった
×3
×2
×2
×2
老人ホームにあるすべての私物を移動させなければならない
さらにこの人の場合
2019年9月28日(土)
メンドくさっ!!
なんで同じ物が何個もあるかな～
お気に入りのカップ以外は箱詰めしていい?
うむよかろう
テレビは明日父ちゃんと一緒に移動させるから
アタシの物はどんどん片付けちゃっていいわよ～♪
――メンドくさくはないけど別に手伝ってはくれないんだよな

老親訪問の帰り
姉と最後の
対面打ち合わせ
Saizeriya
イタリアワイン＆カフェ
荷物結構
あるね～
O橋さん
２往復して
くれるって
行程表
作ってみた
ダル美
マコト
O橋さん
［契約］（直行）
やすらぎ老人ホーム集合
車ではる風老人ホームへ
バイクで
第１便　荷物搬入出作業
車ではる風老人ホームへ
バイクで
第２便　荷物搬入出作業
お礼の宴（田山うどん）
ぴらっ
ここまで
するか？
フツー!?
2019年
10月1日（火）
カーテン
注文
納期５日!?
はる風の花に
直送じゃ！
出勤前
2019年
10月3日（金）
荷物移動
前日
明日
10時
やすらぎの街に
集合よろしく
オッケー♡
ちず
助っ人組との
最終確認も
終了し一

2019年
10月5日(土)
9：15
O橋さん来たよ～
えっ 早っ
いやーっ
4時に目が覚めてから眠れなくなっちゃって
おはようございまーす
冷蔵庫コレなんだけど入るかな～
キュッ
バン
シャキーン
シート倒せば大丈夫っすよ～
じゃーん
こ…こう?
そのままゆっくり押して下さい
ただの知人の手伝いと思ってたらプロだったーっ!!

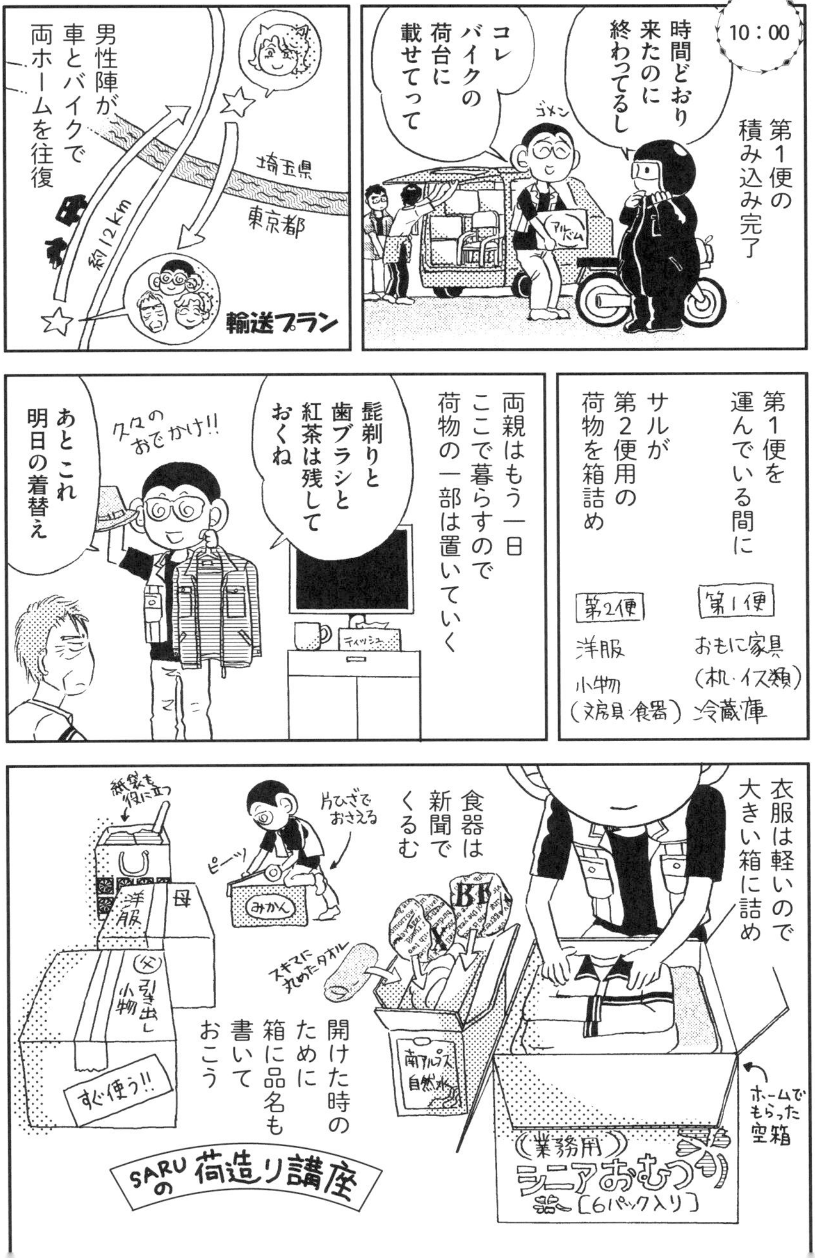
10：00
第1便の積み込み完了
時間どおり来たのに終わってるし
ゴメン
コレバイクの荷台に載せてって
アルバム
男性陣が車とバイクで両ホームを往復
埼玉県
東京都
約12km
輸送プラン
第1便を運んでいる間にサルが第2便用の荷物を箱詰め
第1便
おもに家具
（机・イス類）
冷蔵庫
第2便
洋服
小物
（文房具・食器）
両親はもう一日ここで暮らすので荷物の一部は置いていく
髭剃りと歯ブラシと紅茶は残しておくね
久々のおでかけ!!
あとこれ明日の着替え
ティッシュ
衣服は軽いので大きい箱に詰め
食器は新聞でくるむ
片ひざでおさえる
ピーッ
みかん
紙袋も役に立つ
洋服
母
父
引き出し
小物
すぐ使う!!
スキマに丸めたタオル
南アルプス自然水
開けた時のために箱に品名も書いておこう
ホームでもらった空箱
（業務用）
シニアおむつ
［6パック入り］
SARUの荷造り講座

11：00
オッケー☆
荷物下ろした40分位で戻る
こっちも急がにゃ～
ひーーっ
犬井さんお昼ご飯ですよ～
1日中寝てるヒト
11：40
ただいま～
あちー
今ちょうど食事に行ってる
12：15
老人ホームやすらぎの街出発
じゃあ
今日は戻らないから
明日は姉ちゃんとマコトの3人で来るよ
12：00
両親の昼食中に第2便の積み込み完了
余裕!!
タオル・毛布
母冬服
12：50
老人ホームはる風の花到着
契約がまだ済んでないよ～
書類の山!!
注文していたカーテンも届いており
ホントーに高かった
ガッツ!!
2019年10月5日(土)14：00
1日目完了
お疲れ様でした!

――翌日・両親の引っ越し
2019年 10月6日(日) 9：00
パラ
パラ
朝ご飯 食べた？
準備 できてるよ～
父が転勤族だったので 母は引っ越しに 慣れている
一方この人は――
紅茶だけおいていって 砂糖ゼンブ持って いった
のめなかった
ねち
ねち
うっかり してたん だよ!!
一日くらい 我慢できる でしょ!!
父ひげそり
あれっ 寝ちゃった!?
あと 30分で お迎え 来るよ
寝ててくれた ほうが邪魔に ならなくて いいよ!!
キーーッ
ひきこもりっ
お義父さん 相変わらず ひねくれてる な～
ニヤ
ニヤ
ええ 絶好調 ですよ!!
荷物に比べて 人間の移動は むしろ大変

10：15
予定より早く新しいホームからの送迎車が来てしまい
しまった!!
預けてた保険証やすらぎの街に忘れてきた〜!!
15：00
ようやく近くのスーパーで小休止
疲労困憊〜
2019年10月6日（日）16：00
引っ越し完了!!
2年間お世話になった老人ホーム「やすらぎの街」ありがとう
そして老人ホーム「はる風の花」これからよろしくお願いします

第８章

２０１９年１０月～２０２１年１２月

介護付有料老人ホーム「はる風の花」編

第８章あらすじ

郊外の老人ホームへお引っ越し・コロナが来た

２０１７年に都内Ｂ区にある介護付有料老人ホーム・やすらぎの街に入居して２年が経過しました。

事前の介護計画で２年でお金が足りなくなることはわかっており、郊外の老人ホームへの移動はずっと念頭にありました。資料を取り寄せたり見学に行ったり行動を始めていた中で、介護付有料老人ホーム・はる風の花に巡り合いました。見学から転ホームまで１か月半。このスピード引っ越しの決め手となったのは、２０１８年の父の骨折でした。父が完全に車椅子生活になったことで、施設を見直したほうがいいような気がしたのです。

最寄り駅からはバスで約15分（1時間に3本程度）の距離に位置し、周囲には買い物スポットもありません。しかし、入居から半年も経たずに新型コロナウイルス感染症の蔓延で「施設への訪問・入居者の外出禁止」となったので、当初懸念していた立地的な負担は軽減されました。

新しい老人ホームはスタッフの数が比較的多く、施設内でコロナ陽性者が出た場合の対応も素早かったです。２０１９年の豪雨時には部屋の窓ガラスに養生テープを貼ってくれるなど、細部まで目が行き届いており、安心して親を預けることができています。

2019年10月時点のデータ

■父郎（84歳）
居住地：介護付有料老人ホーム「はる風の花」
介護度：要介護４／高次脳機能障害あり／車椅子使用

■母子（87歳）
居住地：介護付有料老人ホーム「はる風の花」
介護度：要介護２／歩行カート使用

支配人・森田《もりた》さん
介護士・増元《ますもと》さん
介護士・南沢《みなみざわ》さん

第1話
「はる風の花」での生活

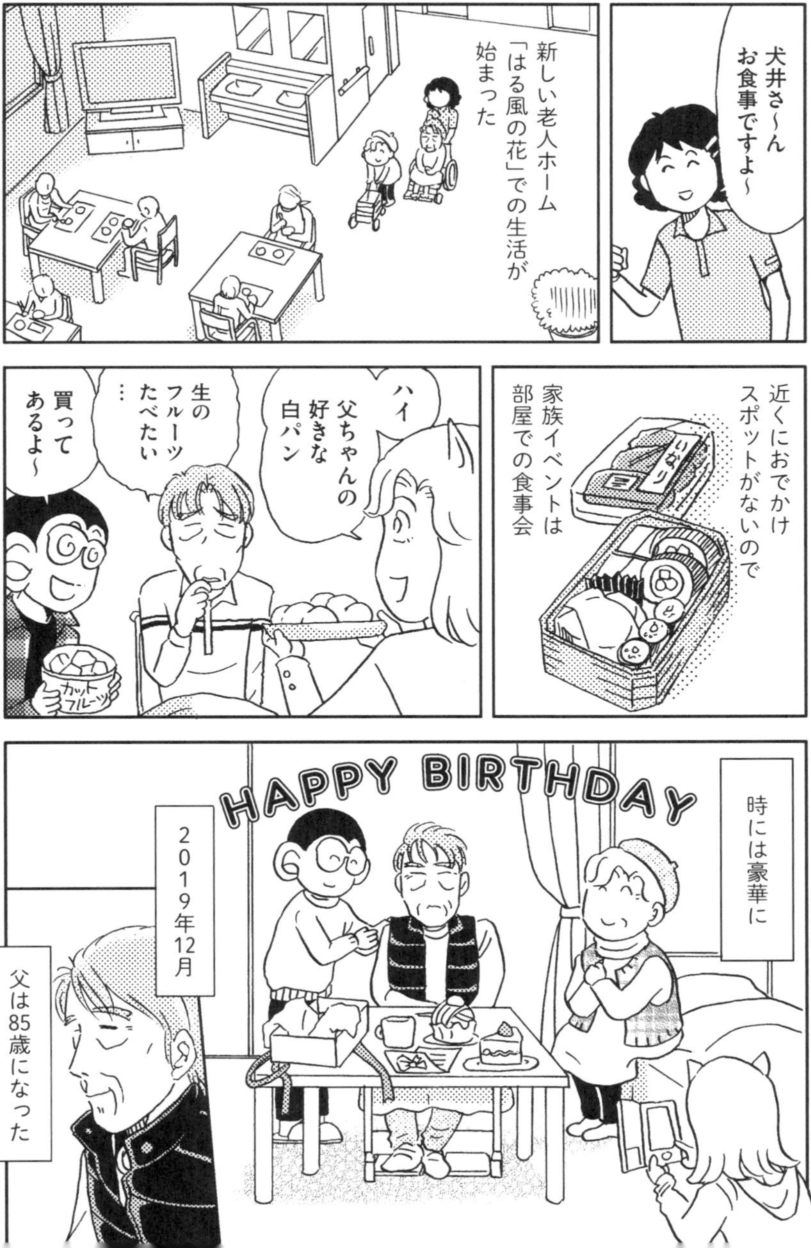
犬井さ～ん
お食事ですよ～
新しい老人ホーム「はる風の花」での生活が始まった
近くにおでかけスポットがないので
家族イベントは部屋での食事会
いなり
ハイ 父ちゃんの好きな白パン
生のフルーツたべたい…
買ってあるよ～
カットフルーツ
時には豪華に
HAPPY BIRTHDAY
2019年12月
父は85歳になった

父郎さん 下肢にむくみがあり 利尿剤を 服用しています
母子さん トイレに 移動中に転倒
骨には 異常なく 打撲との診断
父郎さん 血便が出て 内科の診察が 必要
車椅子から ずり落ちて 腕に擦り傷が
父85歳 母87歳
老人ホームから 病気やケガの 報告が増えてきた
父のリハビリは 理学療法士との 相性が合わず…
歩けるように なるわけでも ないし 無理強いは やめておこう
だね～
でも これは 何とかしないと
2019年12月
宛先：犬井様・猿渡様
件名：内科の診察の件
採血を拒否されており 困っております。
はる風の花 支配人 森田
注射が 大の苦手な うえに
N病院の ○○先生キライ
ハアー?!
しんさつ 受けない
イヤイヤ警報も 発令
娘が 立ち会います
メンドくさい 父でスミマセン…
助かります～

採血の日
父郎さん
娘さんたちが来てくださいましたよ～
手を握っててあげるね
父の妹
妹子…妹子も呼んで…
来るか!!
頭にタオルかけちゃっていいですか?
ど～ぞど～ぞ
クウ～ン
では
採血させていただきます
はる風の支配人
病院の看護士
医師
はる風のスタッフ
Dr.
Ns
ブスッ!
◎○×△♨!!
あとちょっとですよ～

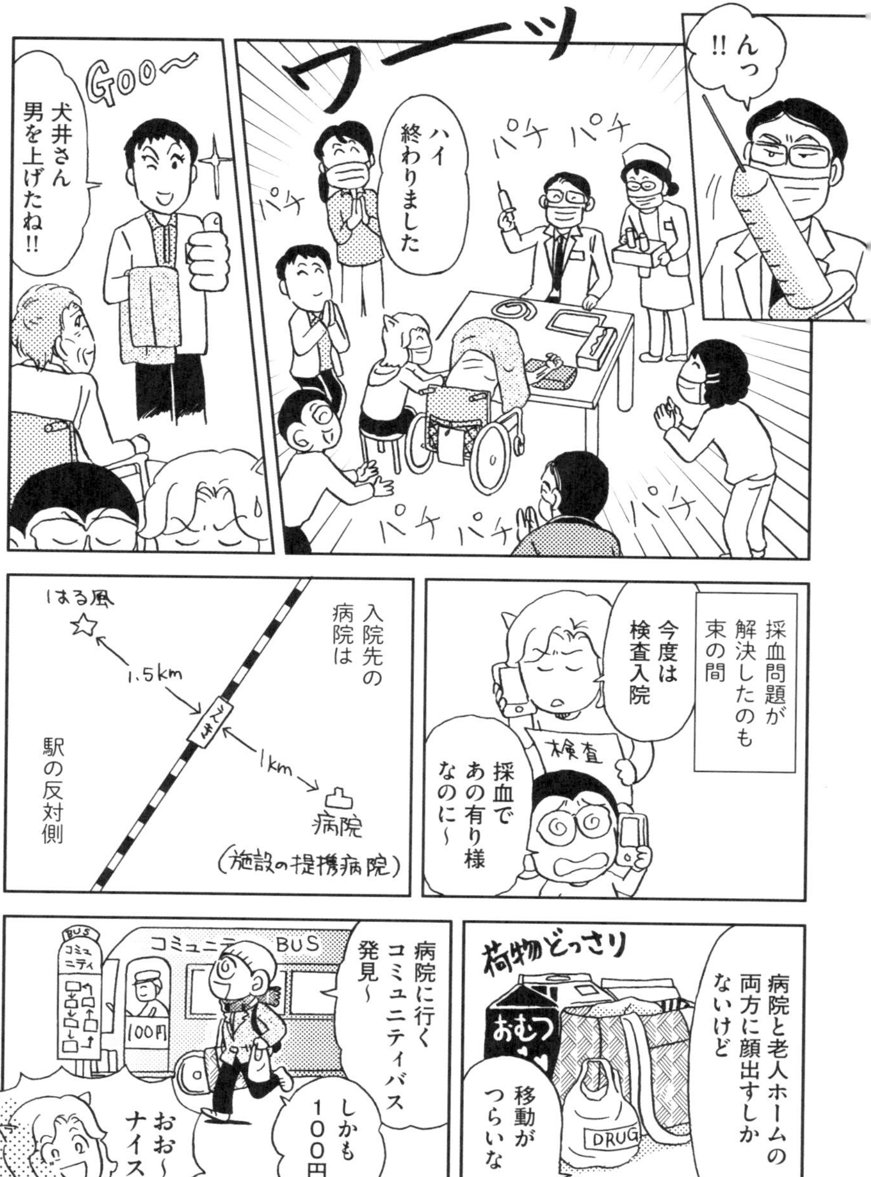

んっ!!
ワーーッ
ハイ終わりました
パチ パチ
パチ
パチ パチ
パチ
Goo~
犬井さん男を上げたね!!
採血問題が解決したのも束の間
今度は検査入院
採血であの有り様なのに~
検査
入院先の病院は
駅の反対側
はる風
1.5km
1km
病院
(施設の提携病院)
荷物どっさり
病院と老人ホームの両方に顔出すしかないけど
移動がつらいな
おむつ
DRUG
病院に行くコミュニティバス発見~
しかも100円
おお~ナイス
BUS
コミュニティ
コミュニティ BUS
100円

入院先の病院
ボロ……
N病院
またか……
父ちゃんは昔から病院の運がないんだよな～
・建物がボロい
・設備が古い
・薄暗い
・職員がバタバタしている
父ちゃん具合どう？
さすがに大部屋
家にかえりたい…
こんなところで死にたくない…
縁起でもない
――でもない
自宅復帰は難しいとしても
姉妹のリアル
父ちゃんの最後が病院なのはイヤだな…
父の検査入院は２０２０年１月６日から２月６日まで
アレがくる直前のことであった

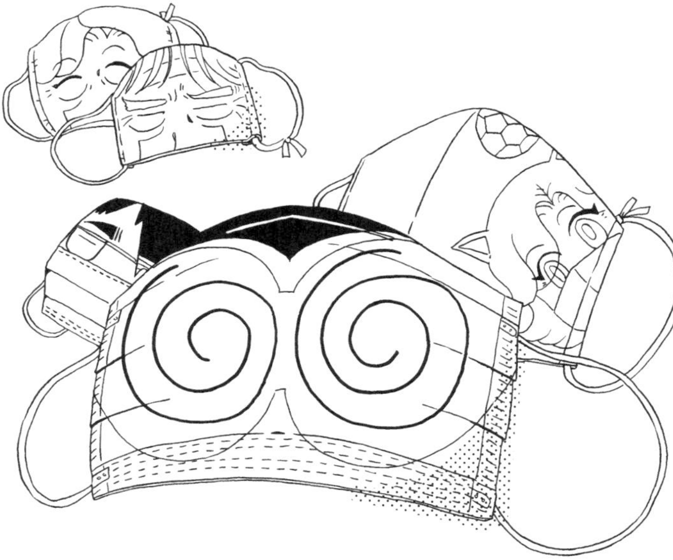

第2話
新型コロナウイルス大流行

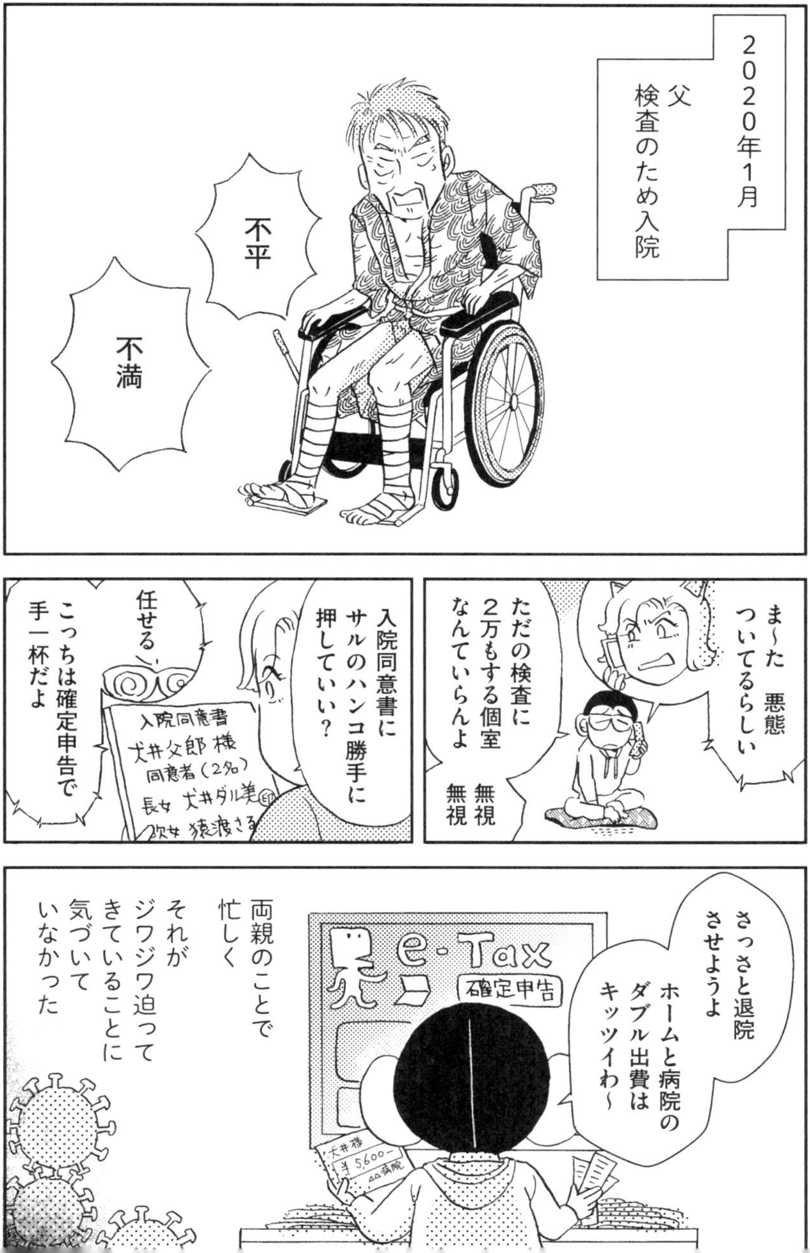

2020年1月
父
検査のため入院
不平
不満
まーた 悪態ついてるらしい
ただの検査に2万もする個室なんていらんよ
無視 無視
入院同意書にサルのハンコ勝手に押していい?
任せる
こっちは確定申告で手一杯だよ
入院同意書
犬井父郎 様
同意者(2名)
長女 犬井ダル美 印
次女 猿渡さる
さっさと退院させようよ
ホームと病院のダブル出費はキッツイわ~
e-Tax
確定申告
犬井様
¥5,600-
△△病院
両親のことで忙しく
それがジワジワ迫ってきていることに気づいていなかった

2月9日
老人ホームの両親を訪問
除菌
お使い下さい。
荷物は片づけた
退院オメデト
ティッシュとスティックシュガーも補充したよ
ゆっくりできなくてゴメン
午後から約束があって
今日は帰る
また来るから
――と軽い気持ちで別れたのだが…
コロナ流行で大人数での会食は控えるように
なんか物々しくなってきたな
今週末の両親の面会どうしよー
姉ちゃんは行けるうちに行ったほうがイイって言うんだけど…
2月 2020
老人ホームに聞いてみたら?
ぶぉー
向こうの都合もあるでしょ
だよねー

犬井の次女です
コロナの件で質問ですが週末に面会に行っても構いませんか？
え？あ？
今電話変わります少々お待ちください
ガタ
ガタ
なんだ？
支配人の森田でございます
はる風の花
あくまでもお願いという形ではありますが…
訪問・面会はできれば控えていただけると…
ゴニョゴニョ
書面でも届いてたどうする？
MAIL
「お願い」とは言われたけど来てほしくはなさそうだったよ
じゃあ今週末の訪問はナシで
だね～
仕方ないよ
ピッ
今週老人ホームに行かなくてイイんだ
ヤッター
コロナ自粛が2年以上続くとは思っておらず
単純に自分の時間が持てると喜んでました

2月9日に両親を訪問した時
お正月にもらった高級うなぎパイ
V.S.O.P.
うなぎパイ V.S.O.P 真夜中のお菓子
今度来た時でいっか
母のクローゼット
あ〜出しときゃよかった!!
まあまあ
賞味期限2カ月あるし大丈夫だよ
身の回りの世話はお任せするとして
【ホームへのお願い事】
洗濯
消耗品購入
おむつ
ティッシュ
タオル交換
預け金で
ひげそり洗浄
ハンドソープ
ワシらはお菓子でも送るか
これだ!!
介護士さんが分けやすい個包装アソート
ラングドシャ
プチケーキ
いちごロール
Sweets Set
ちと高いが今回は特別じゃ!
送料込み2,500円

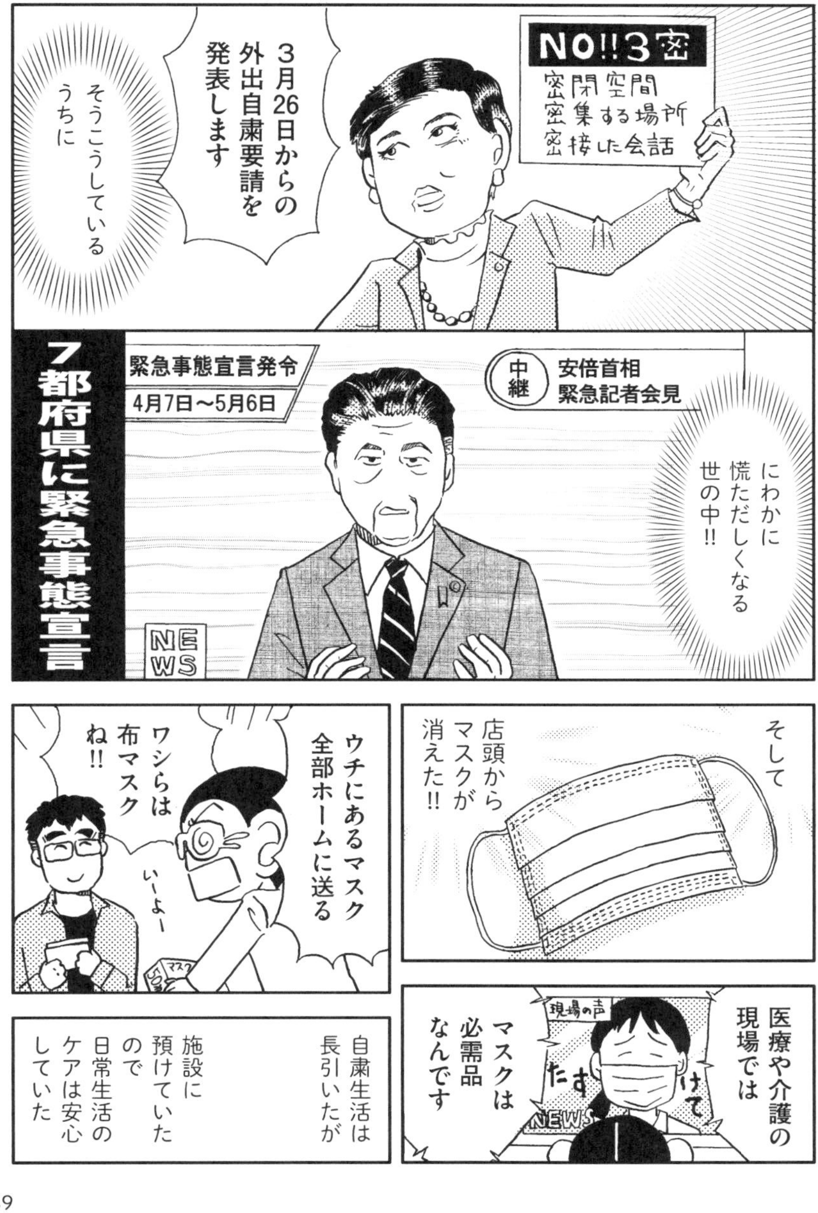
NO!!3密
密閉空間
密集する場所
密接した会話
3月26日からの外出自粛要請を発表します
そうこうしているうちに
中継
安倍首相
緊急記者会見
緊急事態宣言発令
4月7日～5月6日
7都府県に緊急事態宣言
NEWS
にわかに慌ただしくなる世の中!!
そして
店頭からマスクが消えた!!
ウチにあるマスク全部ホームに送る
ワシらは布マスクね!!
いーよー
マスク
医療や介護の現場では
現場の声
たすけて
NEWS
マスクは必需品なんです
自粛生活は長引いたが
施設に預けていたので日常生活のケアは安心していた

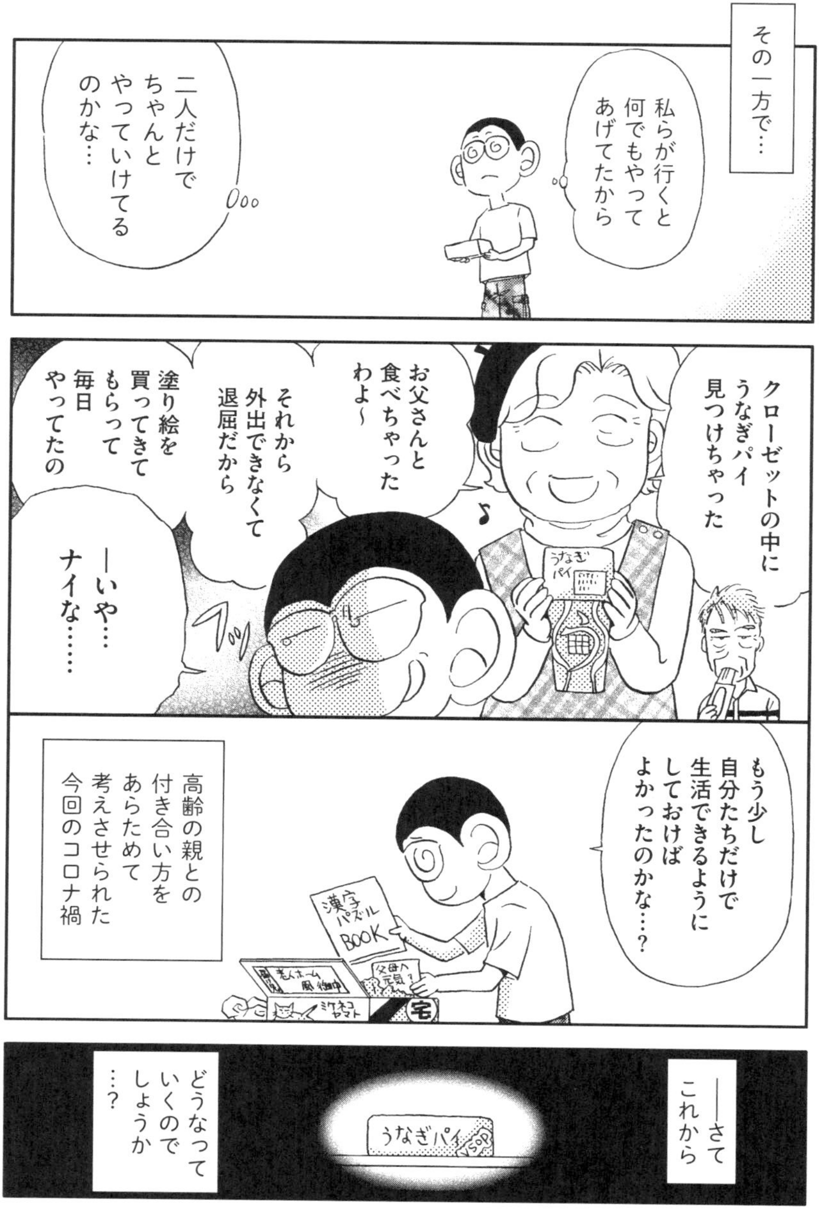
その一方で…
私らが行くと何でもやってあげてたから
二人だけでちゃんとやっていけてるのかな…
Ooo
クローゼットの中にうなぎパイ見つけちゃった
うなぎパイ
お父さんと食べちゃったわよ～
それから外出できなくて退屈だから
塗り絵を買ってきてもらって毎日やってたの
―いや…ナイな……
もう少し自分たちだけで生活できるようにしておけばよかったのかな…？
漢字パズルBOOK
宅
高齢の親との付き合い方をあらためて考えさせられた今回のコロナ禍
――さてこれから
うなぎパイ
どうなっていくのでしょうか…？

第3話
コロナ、その後

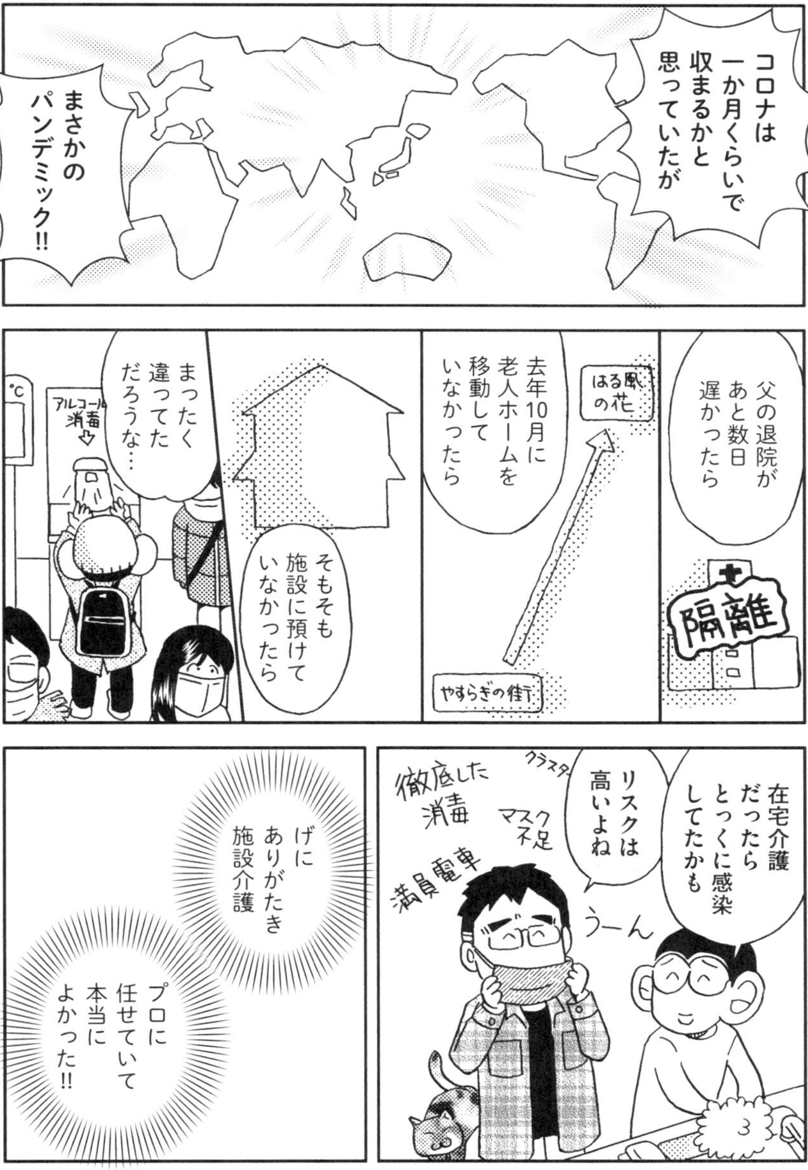

コロナは一か月くらいで収まるかと思っていたが
まさかのパンデミック!!
父の退院があと数日遅かったら
隔離
はる風の花
去年10月に老人ホームを移動していなかったら
やすらぎの街
そもそも施設に預けていなかったら
℃
アルコール消毒
まったく違ってただろうな…
在宅介護だったらとっくに感染してたかも
リスクは高いよね
クラスタ
徹底した消毒
マスク不足
満員電車
うーん
げにありがたき施設介護
プロに任せていて本当によかった!!

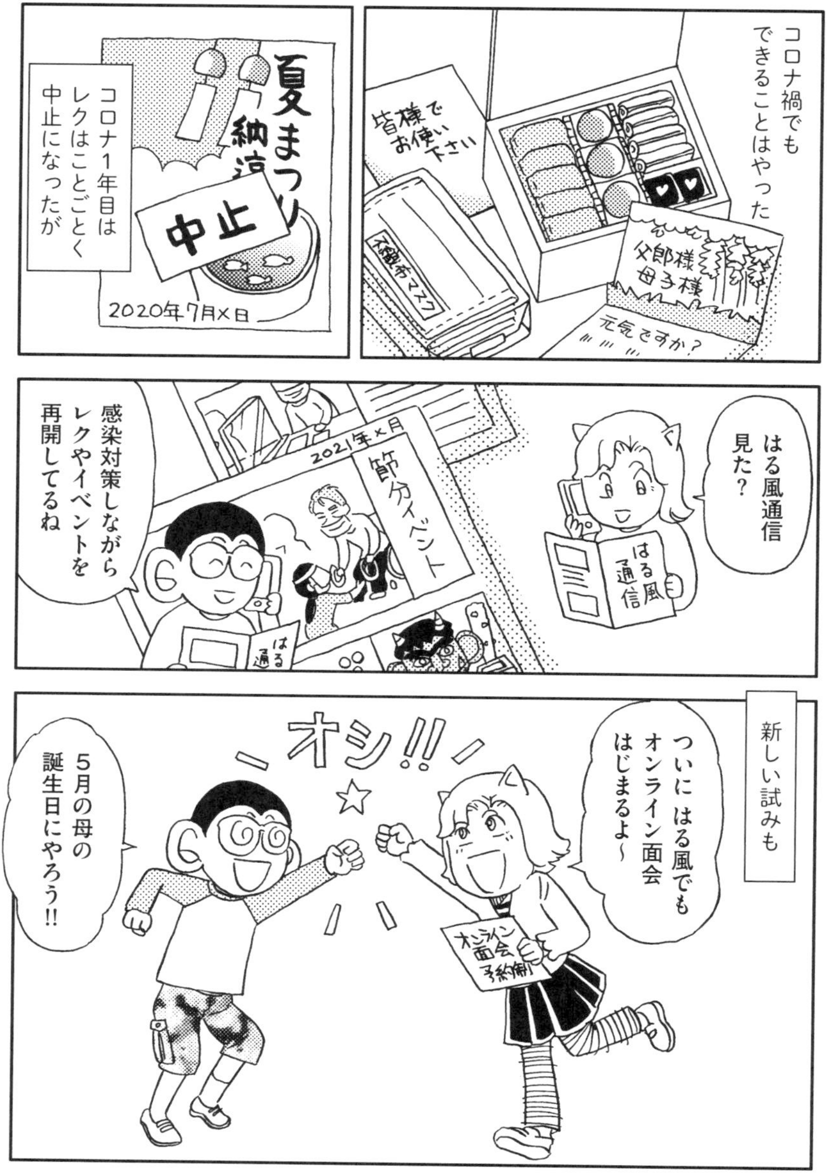
コロナ禍でも
できることはやった
皆様でお使い下さい
不織布マスク
父郎様
母子様
元気ですか？
夏まつり
納涼
中止
2020年7月×日
コロナ1年目は
レクはことごとく
中止になったが
はる風通信
見た？
はる風通信
2021年×月
節分イベント
感染対策しながら
レクやイベントを
再開してるね
新しい試みも
ついに はる風でも
オンライン面会
はじまるよ～
オシ!!
オンライン面会予約制
5月の母の
誕生日にやろう!!

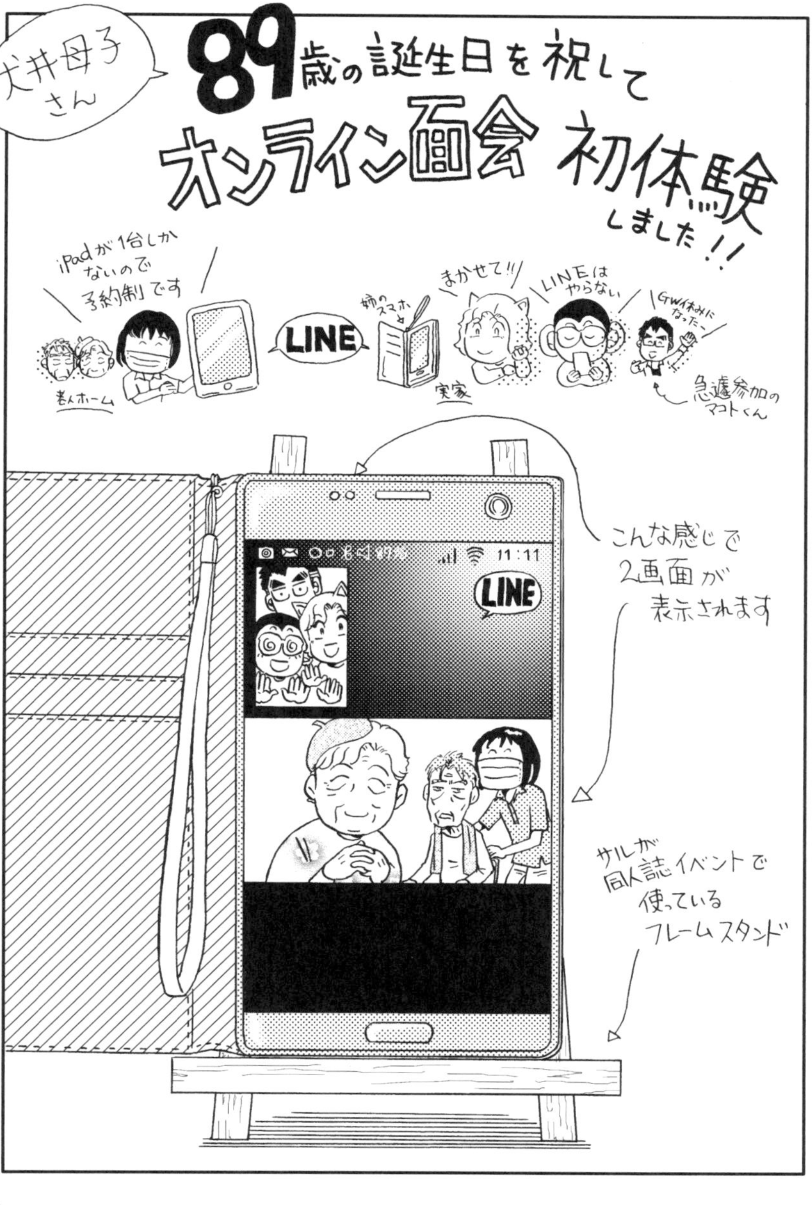
犬井母子さん
89歳の誕生日を祝して
オンライン面会 初体験
しました!!
iPadが1台しかないので予約制です
老人ホーム
LINE
姉のスマホ
まかせて!!
実家
LINEはやらない
GW休みになったー
急遽参加のマコトくん
11:11
LINE
こんな感じで2画面が表示されます
サルが同人誌イベントで使っているフレームスタンド

転ホームという考え方

介護付有料老人ホームに「終《つい》の棲家《すみか》」というイメージがある方も多いのではないでしょうか。

しかし、私たち姉妹の間では、早くから「その時の事情によって他のホームに移動するのもアリ」と考えていました。

最近では、身体的・経済的などの事情に合わせて老人ホームを移動する「転ホーム」という考えも出てきているようです。

我が家の「その時の事情」は介護生活3年目にやってきました。

ズバリ「お金がなくなった」のです。

最初にお世話になった「介護付有料老人ホーム・やすらぎの街」では、入る時こそ入居一時金0円キャンペーンのおかげで安く済みましたが、月々の家賃とその他雑費もかかります。なにしろ、介護施設では目に見えにくい費用がこまかく発生するのです。

貯蓄を使い果たしたので父の収入はもはや年金だけ。その範囲で費用を払える施設でなければ住み続けることはできません。しかも両親2名となれば費用は倍！

また、介護度が上がれば、介護保険の自己負担金も増えます。

父は要介護2→要介護4に、母は要支援2→要介護2にそれぞれ上がったため、老人ホームに支払う特定施設入居者生活介護負担金も高くなりました。また後期高齢者医療保険の改正で、一律1割だった医療費の自己負担割合が所得によっては2～3割負担にアップしたのも家計を圧迫しました。

さらに両親とも85歳を過ぎた頃から、病院にかかる頻度も増えました。ちょっとした通院だけでなく骨折で手術もしたので、医療費が年間200万円以上かかったことも……。その間は当然、老人ホームの費用との2本立てになります。

もう転ホームするしかありません!

経済的な理由をきっかけに、犬井家では郊外の介護付有料老人ホームに住み替えました。高額な入居一時金を払うだけのお金が残っていなかったので、入居一時金0円キャンペーンのある施設も探したのですが、以前より老人ホームの需要が高まったのか、2019年頃はそういったキャンペーンをやっている施設はあまりありませんでした。

その代わりに見つけたのが、介護付有料老人ホーム・はる風の花の「入居一時金減額プラン」です。入居一時金の償却期間を5年程度とし、償却期間を過ぎても住み続ける場合、あらためて一時金を支払うという考えです。償却期間5年の根拠は不明ですが、老人ホームに入居した人の平均余命が5年くらいなのかな?と推測しています。

結果的に父は入居2年・86歳で亡くなったので、残った一時金は返金されました。

両親の身体的な入居条件も見直しが必要です。

■介護付有料老人ホーム「やすらぎの街」での入居条件

・リハビリ充実
・都市型(家族が通いやすい・周辺に外出スポットがある)

■介護付有料老人ホーム「はる風の花」での入居条件

・医療体制充実(24時間看護)
・看取りあり

高齢者は、わずかな期間でも身体状況が変わることがあります。条件の合わなくなった施設に無理に入居し続けるより、引っ越し費用を払ってでも、楽しく暮らせる老人ホームに住み替えたほうが、幸せということもあります。ひとつの考え方として参考にしてみてください。

第4話
２年ぶりの面会

２０２１年10月
予約制／面会者２名まで
応接スペースで15分程度
老人ホームでの面会緩和
老人ホームからの報告やオンラインでの面会はあったものの
直接会うのは実に２年ぶり
LINE
xmas
はる風だより
モロゾフのプリンだよ
わーい
父ちゃんあ〜んして
ハイごちそうさま
あっという間に
完食
早っ
ぺろり
あ〜むせちゃった〜!?
ゲホッゴボコボ
一回ごっくんしようか
ゆっくりゆっくり

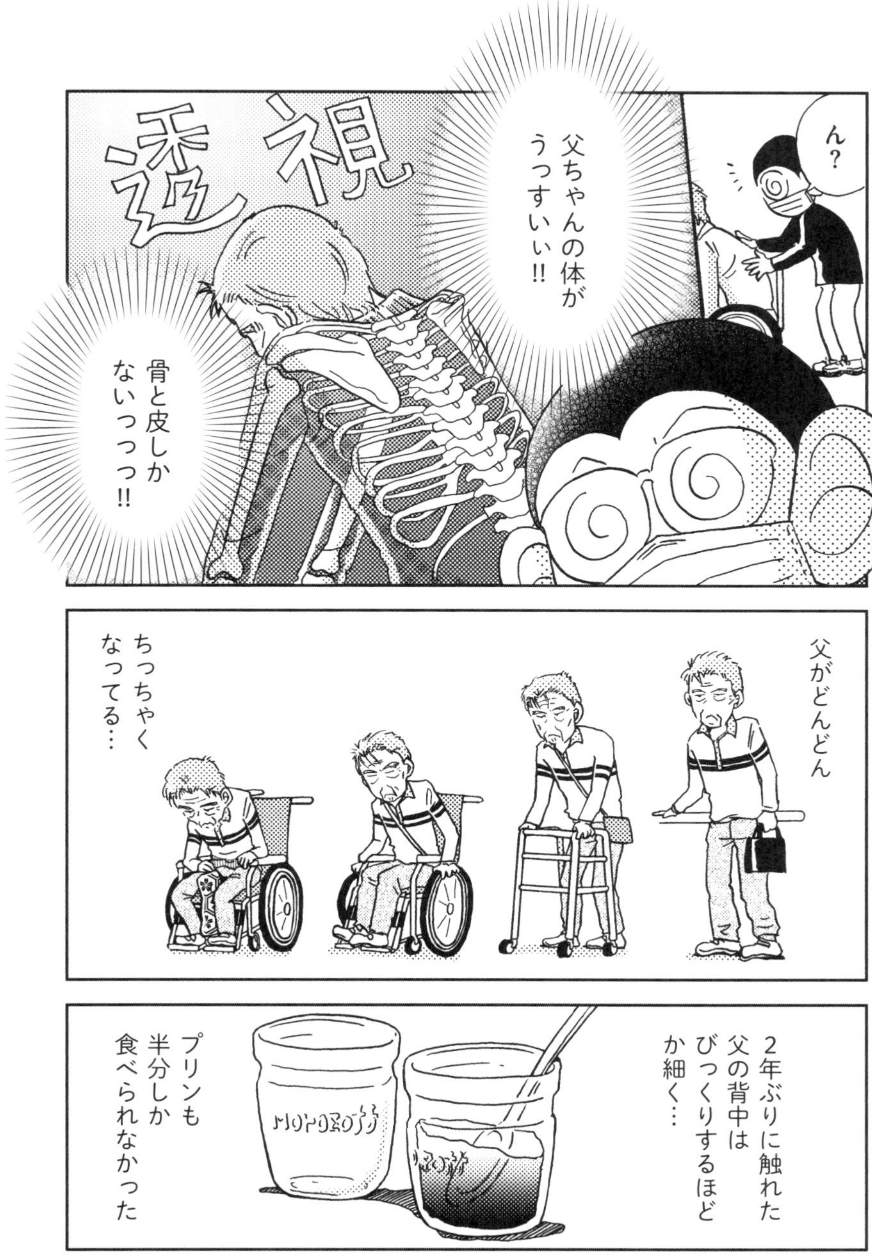
ん？
父ちゃんの体がうっすいぃぃ!!
透視
骨と皮しかないっっっ!!
父がどんどん
ちっちゃくなってる…
2年ぶりに触れた父の背中はびっくりするほどか細く…
プリンも半分しか食べられなかった

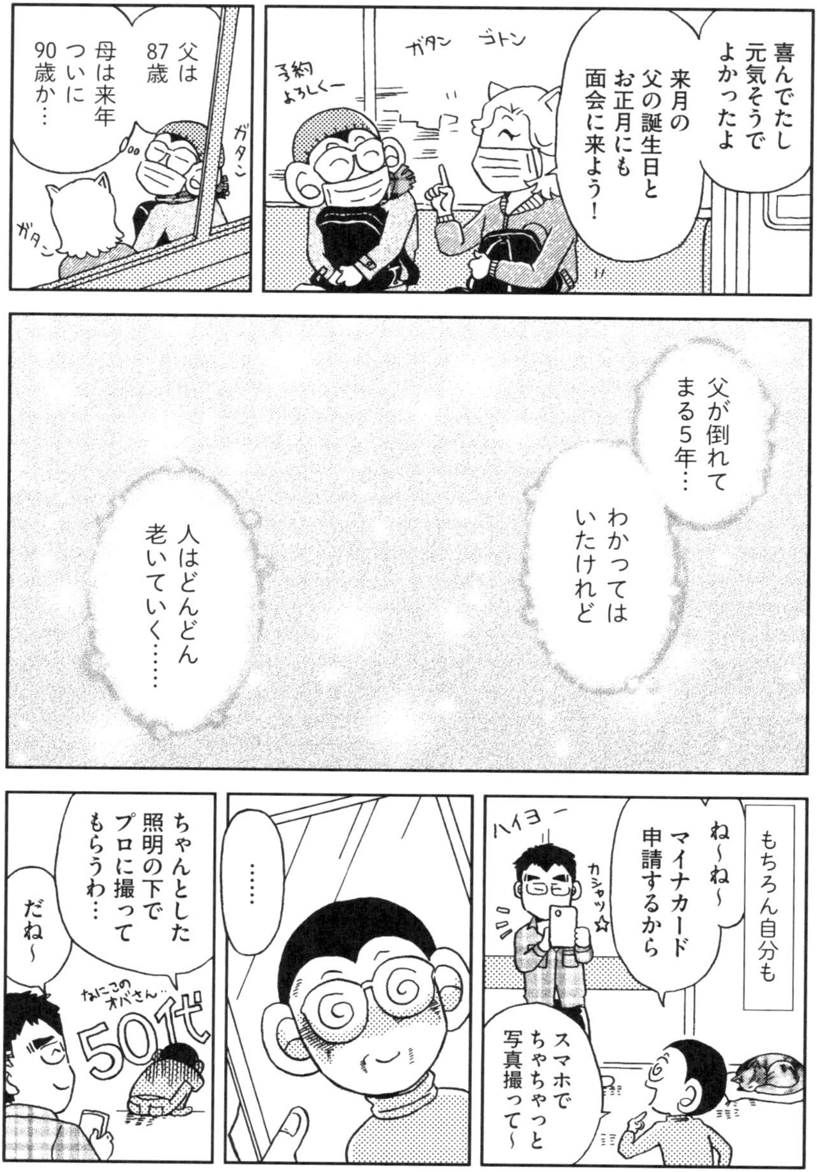
喜んでたし 元気そうで よかったよ
来月の 父の誕生日と お正月にも 面会に来よう!
ガタン ゴトン
予約 よろしくー
父は 87歳 母は来年 ついに 90歳か…
ガタン
ガタン
父が倒れて まる5年…
わかっては いたけれど
人はどんどん 老いていく……
もちろん自分も
ね～ね～ マイナカード 申請するから
ハイヨー
カシャッ☆
スマホで ちゃちゃっと 写真撮って～
……
ちゃんとした 照明の下で プロに撮って もらうわ…
だね～
なにこの オバさん…
50代

終章
2021年11月〜12月

いつかくる
その日のために

終章あらすじ

看取りの確認

「看取り」とは、終末期を迎えた高齢者に対して延命治療をせずに自然に亡くなるまで見守ることを言います。介護付有料老人ホームでは、定期的に「もしもの時にどうするのか」を本人および家族に確認しています。

犬井家では、延命治療はしない方針を伝えていましたが、２０２１年11月頃に父の状態が悪化しつつあったため、改めて家族に確認したいとの連絡がありました。死に直前した時に気持ちが変わるのは、よくあることだからです。

本人の意思確認ができる状態ではありませんでしたが、注射や点滴が大嫌いな父にこれ以上痛い思いをさせたくないと考え、姉妹で決めました。配偶者である母も、死ぬ時は自然のままがいい、という考えの人なので、それも考慮した上で結論を出しました。

「胃ろうなどの延命行為や不要な検査は行わず、自然にまかせる」

最初に老人ホームから医師の立ち合いのもと看取りの確認をしたいと連絡があったのは、２０２１年11月末。それを受けて12月8日に姉妹で施設を訪問する予定でした。しかし、その前に父の衰弱が激しくなったため、前倒しで姉が電話で家族の意向を伝えました。

父の死期がそこまで迫っていることは、心のどこかでわかっていました。

2021年11月時点のデータ

■父郎（86歳）
居住地：介護付有料老人ホーム・はる風の花
介護度：要介護４／高次脳機能障害あり／車椅子使用

■母子（89歳）
居住地：介護付有料老人ホーム・はる風の花
介護度：要介護３／歩行カートおよび車椅子使用

主治医・N病院N先生

第1話
いつかくるその日のために

2021年11月27日(土)
それは一通のメールから始まった
はる風の花からだ
なんだろ?
父郎様の食事摂取量が不安定になっており
十分な栄養が摂れていない状況です
衰弱の傾向が見られており
万一に備え
終末の看取りについてご家族の意向を確認したく…
…云々…
これは二人で行ったほうがいい
さすがに一人じゃ重すぎる
もちろん
専門医の往診日に合わせて2日か8日
平日だけどサルさん仕事は?
12月2日は休めない
ゴメン…
わかった8日で調整する
が、12月1日(水)
サルさん至急連絡くれ!!
父ちゃん薬が飲めなくて食事も摂れてない
えええっ
事態は急変!!

12月2日(木)
姉が電話で看取りの意向を伝える
本人が点滴も注射もイヤだと言ってるし
家族としては特別な治療を希望しないってことを伝えた
会社帰りに父ちゃんに会ってきた
ほとんど寝てたけどちょびっとだけアイスを食べられたよ
妹子おばさんにも電話した
なるべく早めに顔見せに来てあげてって
父の妹と甥・姪
それがいいよ
12月4日(土)
今日もアイス買っていこう
SUPERM
10:00 ~24:00
これいいじゃん!!
季節限定和栗のモンブラン
ooo-Datz 250円
栗
父ちゃんの好きな味だ
こんにちは~
お待ちしておりました

このご時世で部屋に入ってもいいのかな？
悪霊退散
ウチはもういろいろと特別なんだよ
父ちゃん…
来たよ～
ほとんど寝ていらっしゃいますが
お声がけをするとちゃんと反応がありますよ
父ちゃん
明日は妹子おばさんとメイちゃん甥太郎くんが来てくれるってよかったね
アイスも買ってきたよ～
しかもハー◎ンダッツのモンブラン味だよ～
高齢者に超オススメ!!
昨日南沢さんに食べさせてもらってご満悦だったので
今日もお願いできますか？
私が？いいの？
お願いします!!
父は南沢さんが大好きなんですよ

嫌いな病院も南沢さんが一緒だと行くんだよ
ホント～？
ハイ父郎さん
美味しい？
なんだあの口は!!
チュッ
チュッ
いい年したおじいちゃんが
恥ずかしい!!
次は11日に伺います
わかりました
父ちゃんの誕生日だよ
あと一週間で87歳になるんだよ！
寝ちゃった？聞こえてるかな？
さあ～どうかな～

第2話
12月5日

12月5日(日)
日中は夫と知り合いの演奏会に出かけた
楽しかった〜
やっぱり生演奏はいいね〜
シビックセンター
このあとどうする?
地元の自主映画上映会にも顔出す?
う〜ん
今日はやめとこうかな
一日にイベント二つはキツイか
アラフィフだし
いや〜
なんとなくね〜
じゃあ帰ろう
なんとなくではあった
22時過ぎ
ダル美
ブルル…
ブルル…

サルさん…
父ちゃん
ダメだったって…
……
…そっか
今から
老人ホームに行ける?
もちろん
お義父さん
…?
遅くなると
思うから
先に
寝てて
気を
しっかり
大丈夫
ゴメン
一本乗り逃した
駅で
待ってて
わかった
乗換駅
サルさん
こっち
こっち
TAXI
タクシー
来てる
TAXI
老人ホーム
はる風の花まで
23時過ぎ
老人ホームに
到着

夕方まで普段とお変わりないご様子だったんですよ
午前中は妹さんご家族が面会に来られて
お食事も最近はお部屋で摂られることもありましたが
今日の夕食は食堂に行くとおっしゃるので
母子さんの向かいの席に座らせて…
母子様
父郎様
そうしたら
ちゃんとご自分の手でゼリーを召し上がったんです!!
さすが食べるの大スキ父ちゃん
ですから巡回の職員から9時過ぎには亡くなられていたと聞いて本当にびっくりしちゃって…
そうだったんですね
父ちゃん…
Happy Birthday
よかったね
会いたかった人みんなに会えて
母ちゃんと一緒にご飯も食べたしよく頑張った
お疲れ様!!

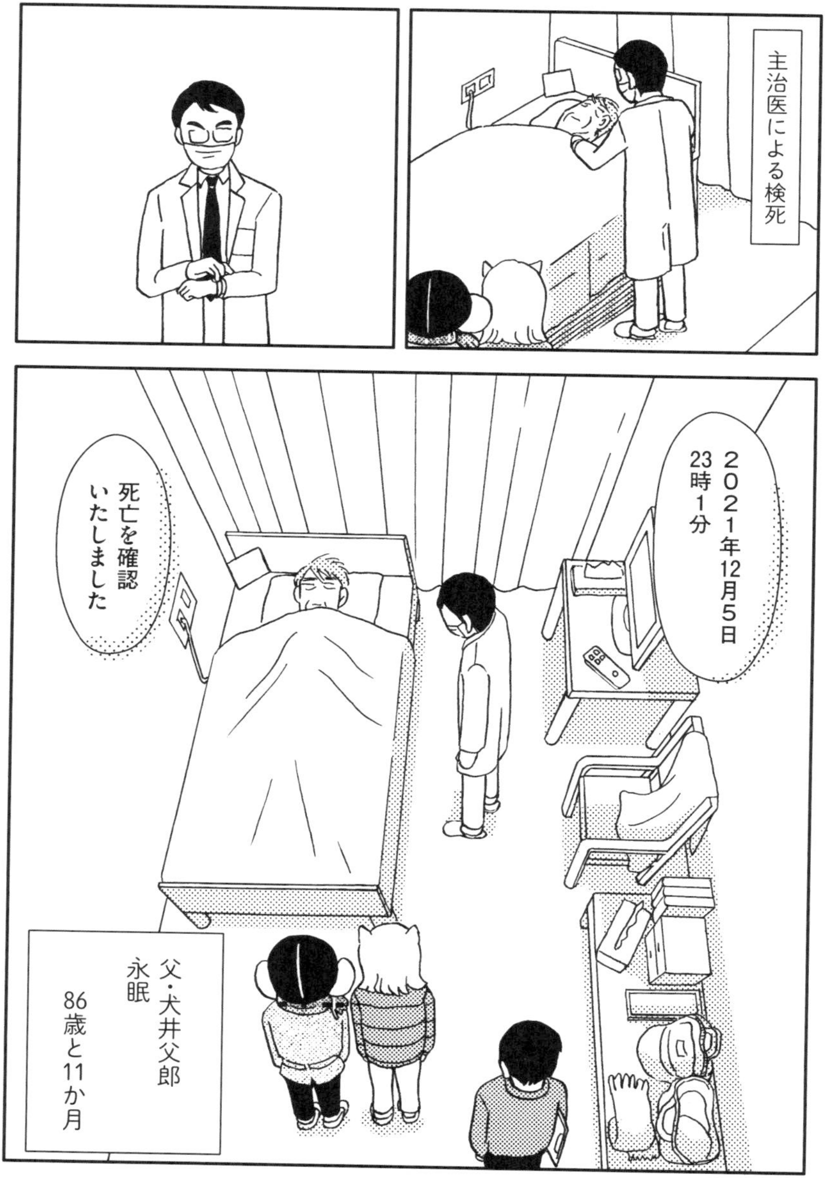
主治医による検死
２０２１年12月５日
23時１分
死亡を確認
いたしました
父・犬井父郎
永眠
86歳と11か月

第3話
父、空へ

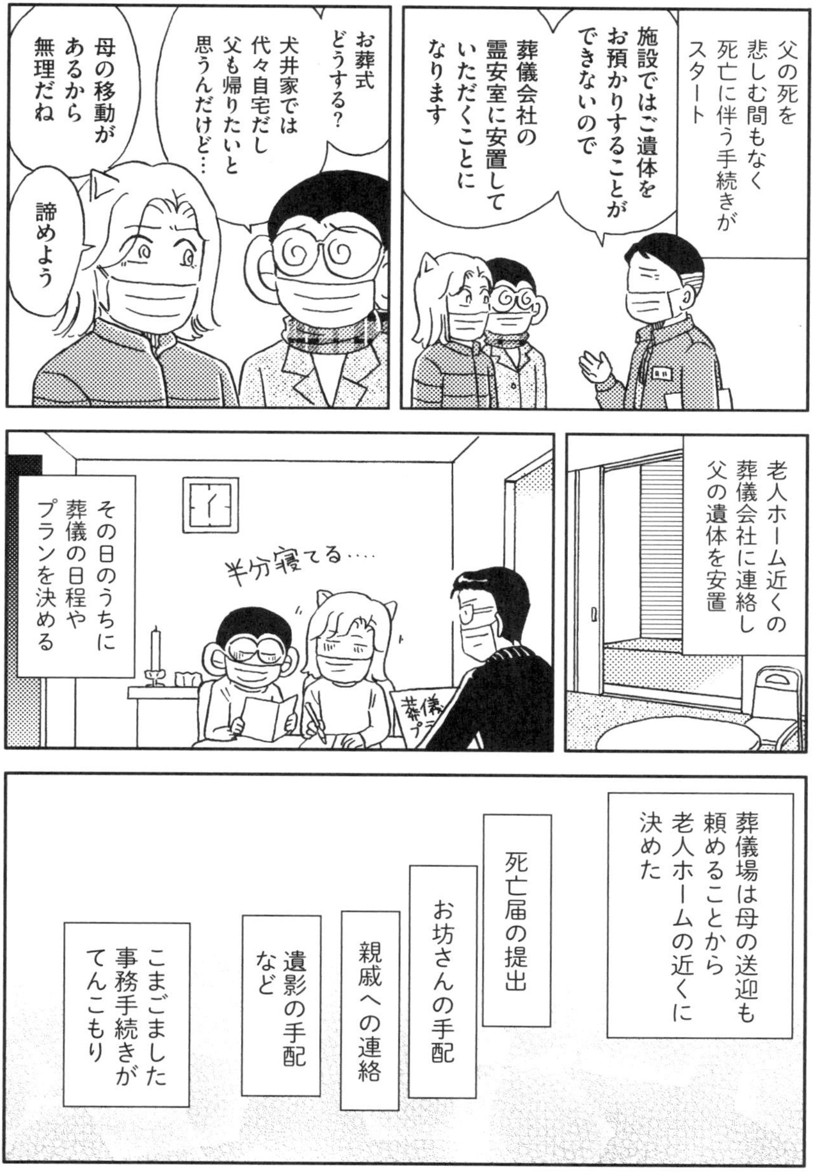

父の死を悲しむ間もなく死亡に伴う手続きがスタート
施設ではご遺体をお預かりすることができないので
葬儀会社の霊安室に安置していただくことになります
お葬式どうする？
犬井家では代々自宅だし父も帰りたいと思うんだけど…
母の移動があるから無理だね
諦めよう
老人ホーム近くの葬儀会社に連絡し父の遺体を安置
その日のうちに葬儀の日程やプランを決める
半分寝てる….
葬儀場は母の送迎も頼めることから老人ホームの近くに決めた
死亡届の提出
お坊さんの手配
親戚への連絡
遺影の手配など
こまごました事務手続きがてんこもり

2021年12月10日
故犬井父郎儀葬儀
アタシは何をしたらいいの…？
喪主は座っていればいいんだよ
式が終わったらお昼に親族で会食して
そのあとはホームに戻っていつもどおり過ごしてね
父ちゃんが死んだなんて信じられない…
母のことお願いします
気持ちが沈んでいると思うので
わかりました お任せください
老人ホームの人に母の面倒を見てもらえたのは本当にありがたかった
喪主

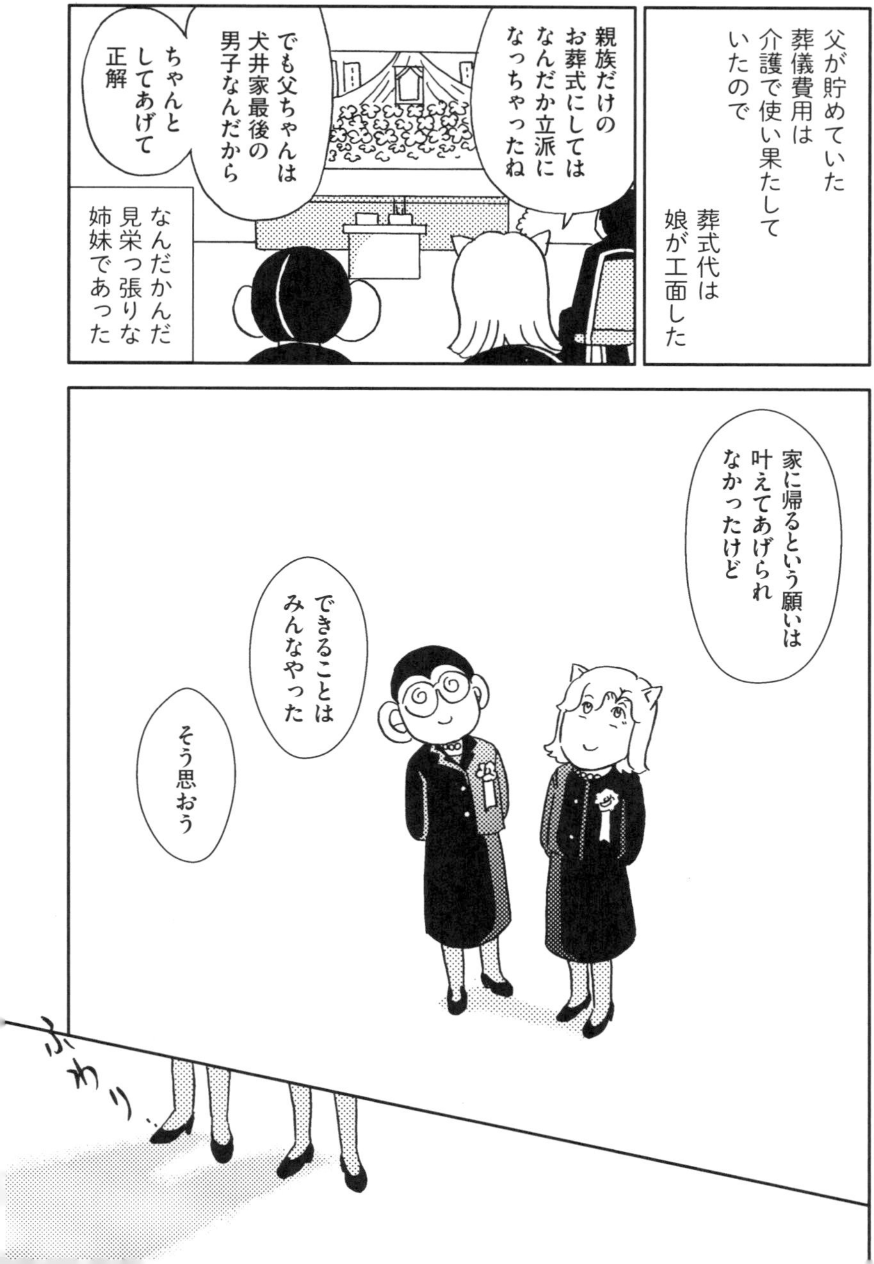
父が貯めていた葬儀費用は介護で使い果たしていたので
葬式代は娘が工面した
親族だけのお葬式にしてはなんだか立派になっちゃったね
でも父ちゃんは犬井家最後の男子なんだから
ちゃんとしてあげて正解
なんだかんだ見栄っ張りな姉妹であった
家に帰るという願いは叶えてあげられなかったけど
できることはみんなやった
そう思おう
ふわり…

ウーに手を引かれて
父は空へと旅立ちました

2021年12月5日

介護に正解はない

結果的に父の介護費用は、「一番もらっている世代」であろう両親の年金と貯蓄、そして早くから両親と同居し堅実に積み立てていた姉の貯蓄で賄《まかな》われました。

正直、犬井家は介護にお金をかけられたほうだと思います。ですから、この本を読んでいただいた方の中には、「全然参考にならない」という感想を持たれる方もいらっしゃるでしょう。でも、介護とはそういうもので、一人ひとり、すべてが違うのです。犬井家では、父が倒れた時にある程度貯蓄があったので、それを介護費用に充てた。

――ただそれだけです。もし状況が違ったら、別の方法で乗り切ろうとしたでしょう。私たち姉妹には「親の面倒をみない」という選択肢はなかったので。

介護の難しさは、起こる事象がその家によって違うこと、いつ終わるか予測できないことだと思います。数年だと思っていた在宅介護が10年以上になった／高額の一時金を払って介護施設に入居させたのに1年で亡くなった／両親二人が要介護状態になった／介護を担っていた側が病気で倒れた、等々……。

こんな何でもアリの状況で、誰にとっても正しい介護があるとは思えません。犬井家でも次から次へと想定外の問題が起こり、そのたびに決断を迫られました。初めて体験することであっても、誰かが「判断」し、「選択」していかなければならないのが介護なのです。

その判断が良い方向に結びつかなかった時は、「あの時にできうる最善の選択だった」と、自分を納得させていました。先のことを考えすぎず、目の前の問題をこなす、くらいの気持ちで向き合うのが、介護を長続きさせるコツではないでしょうか。

昨日と今日で考えや状況が変わるのはよくあることで、上手くいかなかったらやり直せばいい。これを私は「手のひら返しの術」と呼んでいます。

――ただし、介護のために仕事を辞めるのだけは慎重に！

著者あとがき

このたびは最後までお読みいただきまして、誠にありがとうございました。

この本の前身となる同人誌『SARUSARU介護日記』は、2018年5月に東京で開催された同人誌即売会「コミティア124」で初めて発表しました。父が脳梗塞で倒れた2年後のことです。

漫画化の目的は、個人的な「備忘録」でした。しかしせっかく描いたのだから、誰かに読んでもらいたい。それならばと、前述のコミティアに参加することにしたのです。

即売会に参加するのはほぼ初めてで、「試しに出てみるか」くらいの気持ちしかありませんでした。ところがいざ参加してみると、思いのほか多くの方に手に取っていただき、大変びっくりしたものです。

——もしかして、介護って需要あるの？

その後、介護関係の出版物に目が向くようになりましたが、介護士目線の職業モノと、介護制度の解説本が多いという印象で、「家族による体験本は案外少ない」ことに気づきました。現状は家族による在宅介護が主流で、体験談を書く余裕などないことは想像に難くありません。

施設に預けたおかげで、私は漫画を描く時間が確保できました。また、次々と発生する出来事も「すべて漫画のネタ」と思えば、気持ちもラクになりました。
介護保険制度が始まって介護の在り方が変わり、施設介護を選択する人も増えてきたように思います。結果的に犬井家では、一度も在宅介護を行っていません。その代わり、病院や介護施設には毎週、時には毎日顔を出しました。施設介護には「親を預けて放ったらかし」という悪いイメージもありますが、我が家では「住むところが自宅でないだけで、家族が同居している」関係を作るよう努力したのです。別居している私は、むしろ親と接する機会は増えました。
ただ、父はずっと家に帰りたがっていたので、数日でも自宅で過ごさせてあげればよかったかな、と、ちょっぴり後悔しています。当時は「里心がついて施設暮らしを嫌がるようになるのが怖い」という気持ちがあったので、実現はしなかったと思いますが……。
介護費用は、できるだけ親の資産の範囲で賄うようにしました（姉はずいぶん補填してくれたようですが）。私たち姉妹には老後の面倒を見てくれる子供がいませんし、年金がアテにならない今のご時世で、親の介護のために子供が仕事を辞めたり、貯蓄を使い果たしたりするのは無謀としか思えなかったからです。
仕事を続けているメリットはいくつかあります。
一番はやはり収入面です。会社員ならではのボーナス、有給休暇制度は本当にありがたかったです。
また、介護に必要な情報が得られたのも大きかったです。姉は総務・経理の経験を生かし、介護の複雑な制度を把握し、手続きを行ってくれました。妹の私は、当時、不動産や税務・法務に携わる業務を担当していたので、有用な情報をいち早くキャッチすることができました。
姉妹で上手に業務分担できたのも良かったです。私たちは得意分野が異なるので、手分けをする際にも押し付け合いにならずに済みました。姉が両親と同一世帯で苗字が同じことも、様々な手続きを進める上で有利でした。実の娘でも結婚していると、やれ住民票だの戸籍謄本だのの提出を求められるのです。
介護の中核となる部分を姉に任せた代わりに、雑多な用事は私が引き受けました。「洋服にネームタグをつける」、「親の代わりに年賀状を出す」といった、在宅介護であれば放置されがちな事柄もフォローすることができました。そのためこの漫画には、手続きに関する体験談がほとんど載っておりません。その部分を期待していた方には大変申し訳ありません。
完璧な介護本ではないかもしれませんが、介護について考えるきっかけになれば幸いに存じます。

この本を出版する機会を作っていただいた、編集者の神崎夢現様。
神崎様に介護漫画を猛プッシュしていただいた、遺跡系エッセイストの今井しょうこ様。
つたないコラムの文章添削をしてくれた、知人でフリーライターの丸田カヨコ様。
監修と解説を引き受けてくださった、精神科医の和田秀樹先生。
発行元の廣済堂出版様。
ほんとうにありがとうございました。
なによりも、気難しい父の面倒を見ていただいた病院の先生や看護師さん、リハビリ病院や老健施設、介護付有料老人ホームのスタッフの皆さまに、心から感謝を申し上げます。

私たちの介護生活は終わったわけではありません。引き続きよろしくお願いします。

2023年4月　サルこと猿渡さる子

解説

和田秀樹

本書の19ページに「介護は情報戦」という言葉がある。

これは、まさに私が長年、高齢者を対象とした精神科医を続け、家族会を開き続けたり、家族の相談に乗る際に、実感したものである。

日本人の残念な欠点に、不安が強いわりに、情報を事前に集めたり、解決策をちゃんと考えないということがある。

たとえば、がん検診は毎年受けるのに、がんと診断されたらどうするのかを考えていないという人が多い。がん検診を受けてもがんの予防にはならない。早期発見、早期治療のためのものだろう。しかし、せっかく早期発見できても、どこでどんな治療を受けられるのかがわかっていないと、不本意な治療を受けることになったり、手術そのものはうまくいっても、その後のＱＯＬ（生活の質）が大幅に落ちることは珍しくない。とくに高齢者はそうだ。

認知症にしても、それを恐れる人はやたらに多いが、85歳を過ぎれば4割の人がその診断基準に当てはまるほど、ありきたりの病気なのに、自分なり、自分の親が認知症になった時に、どのような対応をすればいいのか、どのような公的サービスが受けられるのか、などについて、ちゃんと情報を集めたり、それに基づいて対策を立てている人は少ない。そして、実際に、身内が認知症と診断されて慌てる人が多い。備えあれば患いなしという言葉があるが、少なくとも十分な情報と準備があると無用な不安に振り回されることは少なくなるはずだ。

そういう点で、本書は、多くの介護のことをよく知らない人にとって、実際に役立つ情報源になると言ってよい。

いろいろな介護施設がどんなものかという情報や選び方が実に具体的でよい。

そして、実は、介護を続けるうえで、もっとも重要な問題である介護とお金の問題もリアルに教えてくれる。本書で描かれているのは、比較的贅沢なパターンではあるが、このくらいあれば足りるという目安としては良い情報と言えるだろう。

介護の前に経験するリハビリテーション病院についても、漫画になっている分だけ、実際の感じがよくわかる。本書でも書かれているが、たとえば脳梗塞になっても、あるいは大腿骨骨折があっても、そのまま寝たきりになるわけではない。

リハビリがうまくいけば、自宅に退院できるし、うまくいかなければ別の介護施設を探さなければならない。我々のような高齢者医療をやるものには当たり前のことなのだが、意外に知られていない。施設情報だけでなく、人がだんだん衰え、最期のときを迎えるまでのプロセスも見事に表している。

介護が情報戦というのは至言だが、同時に介護がチーム戦というのも名言だ。

確かに、この一家は姉妹仲がよく、比較的協力的な配偶者がいて、チーム戦を行うのにはきわめて恵まれた環境であることは間違いない。

ただ、在宅介護などでは、このような親族だけでなく、ケアマネージャーや訪問看護師や訪問リハのスタッフ、そして頼りになるかかりつけ医などと上手にチームが組めれば、介護される側にとっても少しでもよい介護が受けられる。それ以上に、介護する側の心身の負担が大幅に軽くなる。

このケースでは、それが施設介護についても言えるということを見事に表している。

私は無理に在宅介護をするより、プロが介護する施設で介護したほうが介護される側にも介護する側にもよいと信じている。

施設に入れると何をされるかわからないと思っている人が多いが、介護保険が始まって20年以上経った現在、施設のケアは本書で描かれているように一般的にとてもいい。逆に在宅介護を続けていると介護する側の疲弊から多くの悲劇が起こっている。ある調査報告では、介護家族の34・9％が介護虐待をしているという。これは暴言とかつい手をあげてしまったというレベルのものがもちろん含まれるのだろうが、こういうことは現在の施設介護では許されない。また介護鬱、介護自殺、それどころか介護殺人もこちらが予想するより多い。

施設に入れるというと親を棄てるような悪いイメージをもつ人が多いが、家で精神的に余裕のない状態で介護を続け、心身が疲弊していくより、ふだんの介護はプロに任せ、精神的に余裕のある状態で、なるべく頻繁に見舞いに行くというのが望ましいと思っている。肉体的な介護はプロに任せ、家族は精神的な介護に専念するというわけだ。

ところが、日本の場合、在宅介護のときは頑張りすぎるのに、施設に入れると安心するためか、見舞いの回数が少ないケースが少なくない。

これでは、本当に親を棄てることになってしまう。

本書では、そのような頻繁な見舞いも実際には難しいことが描かれ、そのためにチームを組むことの大切さを教えてくれる。職場の理解も含め、人に上手に頼れないと介護はうまくいかないのだ。

そういう意味で本書は施設介護にまつわる誤解を解いてくれるだけでなく、費用の問題やどういうポイントで選ぶか、そして、施設に入ったまま、どう介護される側とのアタッチメントを保つかなど、ほかの本ではあまり書かれていない現実を教えてくれる。

最後に、どうしても触れておきたいポイントがある。

それは、この姉妹が仕事だけは辞めないという決意をしたことだ。

在宅介護を選択してしまうと、仕事と介護の両立の難しさや時間的制約から仕事を辞めてしまう人が非常に多い。最近では、男性でも辞める人が少なくないようだ。

しかし、そのためにいろいろなデメリットが生じる。

仕事を辞めたからには介護に専念しなければいけないという気持ちが強くなり、より義務感が強くなるという問題がある。そして、仕事を辞めて介護に専念するのだからと完ぺきな介護を目指すために、それができないと自責感も高まる。
本書では介護期間中でも、楽しみはやめないということも描かれているが、仕事を辞めて在宅介護に専念するとなかなかそういう気分になれないようだ。
この義務感や自責感と息抜きのなさから鬱になりやすいのだ。
また、仕事を辞めるとどうしても経済的に不利になる。精神的にだけでなく、経済的に追い詰められてしまうケースは意外に多い。
お金がないために、本来受けられるべきケアが受けられない上、介護する側の心身の負担が増えてしまう。
また、終身雇用の制度が崩れたとされるが、定年は延長の傾向にあるのに、いったん会社を辞めてしまうと、やはり日本では、年齢が高くなるほど条件のいい再就職が困難になるし、前職の経験が活かせるものも含めて、希望する職種につける可能性は低くなる。残りの人生を考えた時に、仕事を辞めるという選択はなるべくしないほうがいいというのが私の持論だ。
本書は、いろいろな意味で、これまでの日本にはなかったきわめて実用性の高い介護のガイドブックと言えるものだ。漫画であるために読みやすいのもいい。
もちろん、本書にもあるように介護は一人一人すべて違うものなので、すべてが役に立つわけではない。ただ、ほとんど情報がないままに介護をするよりは、気分を楽にしてくれる名著だと思う。